스벅 출근하다
집으로 출근합니다

스벅 출근하다 집으로 출근합니다

초 판 1쇄 2024년 01월 18일

지은이 박혜란(라니박)
펴낸이 류종렬

펴낸곳 미다스북스
본부장 임종익
편집장 이다경
책임진행 김가영, 박유진, 윤가희, 이예나, 안채원, 김요섭, 임인영

등록 2001년 3월 21일 제2001-000040호
주소 서울시 마포구 양화로 133 서교타워 711호
전화 02) 322-7802~3
팩스 02) 6007-1845
블로그 http://blog.naver.com/midasbooks
전자주소 midasbooks@hanmail.net
페이스북 https://www.facebook.com/midasbooks425
인스타그램 https://www.instagram/midasbooks

© 박혜란(라니박), 미다스북스 2024, *Printed in Korea*.

ISBN 979-11-6910-453-1 03810

값 **19,000원**

미다스북스는 다음세대에게 필요한 지혜와 교양을 생각합니다.

'카페 같은 집!' 건축 생초보의 집짓기 도전기

스벅 출근하다
집으로 출근합니다

박혜란 지음

미다스북스

추천사

스물. 그녀는 이미 충분히 빛나고 있었지만 스스로에 대한 자신감과 믿음은 적은 사람이었습니다. 그 랬던 그녀가 어느 날 '책'이 주는 환희에 빠지고, 책을 읽고 읽고 읽더니 세상에! 이제는 '작가'로서 데 뷔를 앞두고 있네요! 저에게 보물 같은 친구, '박혜란'의 진가를 많은 분이 이 책을 통해서 알게 되셨 으면… 간절히 바랍니다. 더불어 그녀의 좌충우돌 성장기가 더 나은 스스로를 꿈꾸는 분들께 용기와 응원이 되리라 믿습니다.

– 고다혜('집에 사는 그릇' 대표, 리포터)

따싱집에서의 이야기가 따스한 응원으로 가닿기를

그녀가 처음 독서모임 공간의 문을 열고 들어왔을 때 조명을 켜고 들어온 줄 알았다. 이렇게 밝고 건 강한 에너지를 가진 사람은 늘 그렇게 살아왔을 것이라 생각했다. 그런 그녀에게도 어두운 터널을 지나는 시간이 있었음을 그녀의 글을 읽고서 알았다. 밝고 건강한 에너지는 그녀가 그녀를 꼭 닮은 단독주택을 직접 지으면서 얻은 것이었다. 따스하고 싱그러운 집 따싱집에서 소중한 사람들과 만들 어가는 라니박 작가의 이야기가 진짜 나로 사는 삶을 찾고 싶은 독자분들에게 따스한 응원으로 가닿 기를 바란다.

– 기혜숙(《감성 콘텐츠》 저자, 오래콘텐츠 연구소 대표)

그녀는 처음 만난 순간부터 그냥 미소가 지어지게 만드는 그런 사람이었다. 그리고 십 년이라는 시간이 지난 지금, 우당탕탕 내 집 지은 이야기로 한 권의 책을 들고 해맑게 내 앞에 나타났다. 그때 이미 예감했다. 이 책은 좌충우돌 내 집짓기 이야기가 아니라 한 편의 인생 에세이임을! 여전히 호기심 가득하고 도전하기를 두려워하지 않는 그녀가 결국은 따싱집을 완성했고 그 경험들을 나눌 수 있는 용기에 박수와 무조건적인 응원을 보낸다. 이 책은 이미 긍정의 아이콘 '박혜란' 그녀 자신이며, 이 책을 만나게 될 사람들 또한 또 한명의 박혜란이 되어 누군가에게 용기와 긍정의 영향력을 나누게 될 것을 믿는다.

— 지은혜('J's closet' 대표, 디자이너)

이 책의 저자 라니박님은 자신의 취향이 잔뜩 담긴 집을 통해 나를 표현하고 향유하는 기쁨을 누리며 살아가고 있습니다. 너무 멋지지 않나요? '내 집', '내 공간'의 의미를 찾고 싶은 분들께 이 책을 추천합니다.

— 구혜은(《내 집을 갖고 새로운 뇌가 생겼습니다》 저자, 작가)

오랜 시간이 지났지만 저자가 몸 담았던 회사의 교육 참석자였던 그녀. 재기발랄함과 무한 긍정, 그리고 강사인 저를 포함, 함께한 모든 이들의 강점을 캐치해내던 따스했던 눈빛과 말갰던 그 얼굴을 지금도 기억합니다. 잘 살아내기 위한 치열한 고민과 더불어 적절히 균형 잡힌 저자의 대범함이 만들어 줄 다음의 변신은 무엇일지 사뭇 기대하며, 그녀의 첫 번째 성장 일지가 많은 분들에게 영감과 용기를 가져다주길 기원합니다.

— 최수정(럭셔리 비즈니스 그룹 트레이닝 디렉터)

집을 새로 짓고
나를 새로 찾았습니다

지난날 전 외롭고 우울하게 하는 집이 싫었습니다.

도피처로 스타벅스 카페를 찾았습니다. 그렇게 자연스레 20대부터 집처럼 카페에 드나든 것뿐인데, 결혼 후 땅을 사고 꿈에 그리던 카페 같은 집을 짓게 되면서 깨닫습니다. 저는 집에 있는 것 자체를 싫어한 게 아니었습니다. 집에만 오면 우울해지던 제 마음 상태가 얼마나 불안정했는지를 생각해 보면, 저는 꼭 카페를 좋아했던 게 아니라 카페 같은 분위기에서 제 마음이 안정되던 걸 좋아한 거였어요. 집을 지은 후 공간을 재발견하며 공간이 인생에 미치는 영향력을 알아가는 중입니다.

'땅을 사고 그 위에 집을 짓자!'라는 진취력은 있었습니다. 하지만 다음 과정에 대한 깊은 생각은 없었던 게 화근이었습니다. 언제나처럼 '어떻게든 되겠지!'라는 대책 없이 긍정적이고 동물적인 감만 믿은 제게 큰 후폭풍이 다가왔습니다. 시공사와 계약한 즉시 갑을 관계가 바뀐다는 그 전설적인 말. 계약금을 주고 나면 건축주는 을이 된다는 시스템. 저에게는 해당 사항 없다고 생각했습니다. 그런데 이 역시 공사 중간 이후부터 확연해졌습니다. 어느 순간 홀연히 소리 소문 없이 떠난 시공사 사장. 마무리 인사도 못 하고 바이했습니다. 돌이켜보니, 이런 생각이 들더군요. '일마무리 안 하고 공사업체들 돈도 안 주고 급기야 우리 돈까지 떼어먹은 시공사도 화나지만, 사장에게 당한 건 어쩌면 당연한 결과이지 않을까? 여러 경우에서 호구 같은 행동을 했던 바보 같은 건축주의 표본이 TV 속 주인공이 아니라 바로 '나'였음을 시간이 지날수록 점점 더 확실하게 느낍니다. 현실의 쓰나미가 휩쓸고 간 몸과 마음이 편해지기까지 꽤 시간이 걸렸습니다. 저도 단독 주택살이는 난생처음이라, 모든 걸 다시 다 시작하는 기분입니다. 집 하나 지었을 뿐인데, 제 주변의 많은 것들이 바뀌었습니다. 마치 재탄생한 느낌이랄까요.

이제 좀 살 만해지니까 글을 써야겠다는 마음이 차츰 들었습니다. 저와 비슷한 성향을 가진 분들이 집을 짓느라 우왕좌왕, 좌충우돌하지 않게 제 경험을 공유하면 좋겠다는 생각이 들었거든요. 제가 집 지을 때도 시중에 집짓기 책은 많았습니다. 저 역시 영감 받은 책도 있었고 전체 흐름을 알려주는 책도 보았습니다. 그러나 시중에 나온 책들에서 느낀 첫 번째 문제는 난생처음 맞닥뜨린 어려운 건축용어들을 이해하기 어려웠다는 겁니다. 두 번째 문제는 구체적으로 집짓기 방법을 제시해 준다고 쓰여 있으나 비전문가인 저와 같은 사람들에게는 도통 한눈에 들어오지 않는다는 거였습니다.

지금도 유튜브 등 여러 고수들의 정보는 도처에 널려 있고 주택살이 하는 영상도 수백 개가 넘습니다. 저에게 이런 정보들은 단편적이고 재미있긴 하나 공사 전체를 연결해서 생각하도록 도와주지는 못했습니다.

저 같은 분들이 '분명 어딘가에 있을 수도 있을 것 같다.'란 맘이 들었기에, 제가 써 보기로 했습니다.

이미 완성된 집에서 누리고 사는 이야기들 말고, 생 현실에 날것으로 반영할 수 있는 집짓기 생초보를 위한 책!

'아! 생각보다 별게 아니구나! 나도 할 수 있겠다. 해볼까?' 하는 책!

반드시 집짓기로 귀결되지 않더라도 인생의 다양한 가능성을 열어 둘 수 있는 책!

공간이 주는 힘과 인생에 대한 영향력을 생각할 수 있는 책!

전문가들의 책을 읽기 전에 가볍게 워밍업으로 시작할 수 있는 책!

고쳐지지 않는 고질병처럼 평생 대충 되는대로 살다가, 계획이란 건 전무하고 그날그날의 상황에 맞게 살던 저. 준비 없이 시작한 제가 겪은 시행착오들을 통한 두 가지의 배움을 나누고자 했습니다.

집짓기에서 중요한 것은 속도보다 성실한 공부를 통한 확실한 방향성, 또 집이 외롭고 재미없어서 밖으로 돌며 카페만을 전전하던 제가 카페 같은 집을 직접 짓고 살게 된 스토리를 풀어, 집이 단지 예쁜 집이거나 편안한 잠자리를 제공하는 것을 넘어서서 '나를 살리는 집', '동반자 같은 집'을 가꿔가자는 삶의 재발견 이야기를 책에 담고자 했습니다.

집은 짓는 순간부터가 진짜 시작이다! 이 말은 100%입니다. 마치 아이를 키우는 과정처럼 집을 가꾸고 보수하며, 집다운 집을 비로소 만들어가고 있습니다. 이 책을 통해 제가 겪은 실수들을 참고 삼아 공부하시라고 비록 저는 못 했지만, "이것만은 절대 하지 마!"란 친한 언니의 찐 마음을 담아 책을 썼습니다. 기본에 충실한 공부 방법만 정석대로 준비하고 지켜준다면 보통 '집 지으면 10년 늙는다'는 그 말! 3년으로 기간 단축도 가능합니다.

단, 저는 전문가가 아니기에 100% 정답은 아닙니다. 제 책을 먼저 읽고 나서 전문 건축 이론서를 찾으신다면 초보 건축주들의 노고는 반의반으로 줄어들 것이라고 자부합니다.

저의 우당탕 집짓기 프로젝트와 그 경험으로 인해 진정한 친구 같은 집이 되기까지의 이야기를 통해 각자만의 인생 프로젝트에 힌트와 영감이 되면 좋겠습니다.

🏠 **이런 분께 추천해 드립니다.**

- 집 짓느라 10년 말고 3년만 늙고 싶은 분
- 집(공간)을 카페처럼 만들고 싶은 분
- '망했다!'란 생각보다 '좋은 실패 또 했다!'라고 생각이 가능한 분
- 마흔 넘어도 생기발랄한 에너지를 갖고 싶은 분
- 내 멋대로 살아도 되나 싶은 분
- 나중에 나이 들면 '~해야지'를 입에 달고 사는 분
- 카페에서 공부가 취미인 분
- 시작이 어려운 분

목차

1장

스타벅스에서 영감을 얻다

영화 〈인턴〉을 보다가

서른 살까지도 한 달에 28번이나 약속이 있었던 나다. 그 약속을 마치고도 귀가 시간이 이르다 싶으면 불안했다. 집으로 들어가기 싫었기 때문이다. 집에 가면 외롭고 적막한 분위기에 휩싸여 줄곧 우울해졌다. 그런 나는 오늘도 일정을 마치고 집에 안 가고 스타벅스 카페로 향한다. 가방 안의 온갖 물건들을 꺼내놓고 그린 티 프라푸치노를 시켜 그 물건들과 논다. 책 한 권, A4 이면지, 펜, 핸드폰 이것만 있어도 세상이 금세 내 것이 된다.

스타벅스 카페(이하 스벅)가 주는 분위기는 나를 세련된 기분으로 만들어줬다. 촌스러운 이야기지만, 나는 스벅이라는 공간에 있을 때의 내가 좋았다. 집에서의 너저분함을 찾을 수 없는 정돈됨, 깨끗함, 학교나 회사에서 느낄 수 없는 자유분방함이 나를 이끌었다.

제3의 공간 스벅만의 감성인 따뜻한 조명과 나무 인테리어, 재즈풍의 음악, 커피 향과 잘 어울리는 그런 분위기는 매력적이었다. 23세, 서울 시청역 앞 어학원을 다닐 때부터 스벅 카페에 다녔으니 내일모레면 어느덧 20년 지기 친구와도 같은 공간이다.

내게 스벅에서의 불특정 다수 사람은 무언의 동지들 같은 느낌이 든다. 각자 무언가를 하면서 누군가와 함께인 기분이 좋았다. 배드민턴 가방을 둘러매고 잠시 숨 고르기 하는 건강미 넘치는 아주머니, 노트북으로 인터넷강의 들으며 공부하는 학생, 아마도 보험 설계사처럼 보이는 열띤 설명회, 뜨개질하는 여자, 다이어리 꾸미기에 여념 없는 친구들, 주말 아침이면 4인 가족이 와서 브런치 먹는 풍경들. 난 그렇게 내 할 일을 하면서 섞여있는 게 즐거웠다. 평일 퇴근 후뿐 아니라 쉬는 날이면 어김없이 아침 7시 스벅에 도착한다. 오픈 시간에 맞춰 고요하고 휴식 같은 그곳에 당도하면 매장 직원들과 나뿐이다. 어떻게 그게 가능할까 싶지만 나는 우리 집인 것처럼 행동한다. 가방을 던지고 신나게 계산대로 향하는 그 모든 루틴이 자연스럽다.

그렇게 스벅은 내게 일일 일스벅 (一日 一스벅)으로 습관이 되었고, 무엇을 하든 작심삼일로 끝났던 내게 인생 최초로 질리지 않음을 선사했다. 어느 날 영화 〈인턴〉을 보고 동질감을 느낀 적이 있다(로버트 드니로, 앤 해서웨이 주연의 회사와 인생의 인턴 이야기. 영화 포스터와는 반전 있는 영화로 내가 좋아하는 영화 베스트 5위 안의 순위). 주인공 할아버지인 70대 은퇴한 노인 '벤'이 아내와 사별한다. 슬픔을 안고 남은 삶을 잘 살기 위해 여행도 다니고 바쁘게 보내지만, 극도의 고립감을 채울 순 없다. 그가 찾은 고립 해결법은 매일 아침 7시 15분에 출근 차림처럼 잘 차려입고 스벅에 가는 것. 신문을 읽으며 무리에 섞여서 브런치를 먹는다. 그러고선 "뭐라 설명할 순 없지만 제가 뭔가의 구성원이 된 것 같죠."라고 말한다.

"어? 나 저 기분 너무 알아." 영화의 주제도 훌륭했지만, 특히 그의 독백 부분에서 날 보는 것 같았다. 세상과 섞이고 싶은 시니어 할아버지의 행동에서 '누군가와 연결되어 있다는 감각'이 주는 마음의 안도가 떠올랐다. 그 장면을 만나고 매일같이 스벅 카페에 출근하는 게 당연해진 나는 '아 맞다. 나도 외로워서 스벅에 갔던 거였지!' 자연스럽게 삶의 일부분이 되어서 인지조차 못 했는데 예전 기억이 되살아났다.

②

우울한 집 킹받는 회사

집이 싫은 또 하나의 이유는 어수선했고 집중이 안 된다는 거다. 왜 집은 어수선했을까? 집은 좁았고 물건은 많았는데 정리 정돈이 안 되었다. 치운다고 치워도 매한가지였다. 같은 옷을 색깔별로 갖고 있고, 이미 있는지도 몰라서 물건을 또 샀다. 돈이 많아서가 아님에도 갖고 싶은 건 꼭 가져야 했다. 또 물건을 못 버렸다. 언젠가 사용할 거라는 강력한 믿음이 많은 물건을 쟁여두게 했다. 몇 년이 지나도 결국 사용 못 한 건 쓰레기통과 의류 수거함으로 직행했고, 한 번도 못 입은 옷들도 수두룩했다. 물건으로 뒤덮인 내 방은 발 한 칸 디딜 틈이 없었다.

마치 깨진 유리창의 법칙(Broken window)과 같이 사소한 무질서를 방치했다가 나중에 전체로 확산할 가능성이 높다는 이야기 같았다. 또 딱히 우리 집이 반지하나 지하가 아닌데도 커튼이 항상 쳐져 있어서 햇빛이 들어왔던 기억이 없다. '집이 좁아서 어쩔 수 없어.'라며 나 좋자고 생각했던 합리화는 시간이 지나니 잘못된 생각이었음을 깨닫는다. 단지 내 마음이 불안정했었기 때문이라는 것을. 집도 어둡고 청소가 안 된 방에 있기 싫었고 예쁘고 말끔하게 옷만 갈아입고 밖으로 향했다. 마치 난 늘 깨끗한 사람인 척. 그렇게 난 내 존재를 밖에서 찾았다. 당시 집을 좋아하는 일명 집순이, 집돌이들이 내겐 무척 신기한 존재들이었다. 그렇게 난 밖으로 돌다 귀가 시간이 돼도 미룰 만큼 미루다가 집에 들어갔고, 내게 집은 그냥 잠만 자는 공간 그 이상도 이하도 아니었다.

지나고 나니, 16년간 나름 여러 사회생활을 했다. 아르바이트를 거쳐 25세에 번듯한 첫 직장을 가졌고, 16년간 여러 사람을 만났으며 그 안에서 성장해왔다. 입사 7년 차에는 지금의 일이 아닌 새로운 걸 도전해보고 싶어서 잘 다니던 회사에 조심스레 그만두겠다고 말을 한다. 당시에는 내 나름대로 간절했고 지금이 적기라는 생각으로 어렵게 꺼낸 말이었는데, 평소에 나를 믿고 지지해준다고 생각했던 상사는 내 기대와 정반대의 말과 행동을 보여줬다. 그로 인해 친분 있던 동료들과도 오해가 섞여 소원해졌고 그간의 시간이 마치 처음부터 존재하지 않던 시간처럼 송두리째 사라졌다. 퇴사 전 한 달간의 피 말리는 상황이 있었고 상사에게 받은 당시의 상처와 함께 자연스럽게 직장 생활은 일단락되었다.

퇴사 후, 내가 하고자 했던 일의 방향성을 전부 잃었다. 난 집에만 있었다. 사람이 무서웠고 모두가 날 손가락질할 것만 같았다. 무기력과 자기연민에 휩싸여 침대에 누워 숨만 쉬고 있을 뿐이었다. 그렇게 시간을 버리고 고립된 채로 몇 개월이 흘렀다.

단순하고 거절 못 하는 성격. 이성보다는 감성이 더 지배하고 적당하게 타협하려는 성향. 내 주장보다는 늘 남의 의견에 동조하고 호응했던 내가 조금씩 책임감이 필요한 자리로 단계 단계 오를 때마다, 막내 사원 급일 때 인정받고 사랑받던 나는 필요 없었다. 당연한 이야기지만 회사에서 내게 원한 건 늘어난 급여만큼 무언가를 보여주는 일이었다. 액션을 취해야 하는 일이 소심한 나에겐 매 순간이 곤욕이었다. 인수인계를 받고 앞사람이 했던 것보다 잘해야 한다는 압박감과 비교 의식이 늘 따라다녔다.

어느 날 매사 눈치를 보고 '나 잘하고 있나? 이 정도면 된 건가?' 조바심에 늘 움츠러들고 출근하는 아침 시간이 무서웠다. 또 일요일 밤이면 KBS 프로그램 〈개그콘서트〉를 신나게 보다가, 피날레 음악과 함께 개그맨들이 나와 인사를 하며 손뼉을 치는 모습을 보며 쿵쾅거리는 가슴을 싸맸다. 몇 시간 후면 또 출근해야 한다는 괴로움에 아무것도 안 하면서 잠든 날도 많았다. 업무 역량이 저하됨은 물론 자신감과 자존감이 곤두박질친 모습을 들키고 싶지 않아 애쓴 채 지냈지만 분명 티가 났을 거다. 필요한 사람이 못 되고 급여를 받기엔 능력 미달이라 여기면서도 부족한 걸 채우려 들지 않았고 자리에 머물러 있기만 했다. '쓸모없는 인간'이라는 자신의 잣대는 나를 더 침체하게 했었다.

그런데 이런 모질이 같은 모습은 쳇바퀴 돌 듯 몇 년 만에 꼭 한 번씩 찾아왔는데, 이는 어떤 순간에 일회성으로 국한된 것이 아니었다. 그냥 뭘 하든 '내 마음속에 단단한 확신이 없구나!'를 느끼며 일에서 진취적으로 나아가지 못했던 건 일을 몰랐기 때문임을 알았다. 회사에 나가서 가장 중요한 건 동료와의 관계가 아니라, 일단은 일을 잘하는 게 우선순위다. 친한 동료, 나를 신뢰하는 상사가 내게 월급을 주진 않는다. 그걸 아는 데 오랜 시간을 돌아왔다. '공부하자!' 그렇게 공부를 시작한다. 한 해 두 해 그런 성장통을 매 순간 겪을 때마다 '너 또 왔구나. 오랜만이다!' 이렇게 마음을 고쳐먹는다.

난 그렇게 청소 안 된 내 공간을 볼 때마다, 자존감이 바닥일 때마다, 공부해야겠다고 마음을 먹을 때마다 자연스럽게 스타벅스 카페를 찾게 되었다.

$$\textcircled{3}$$

삶의 중심을 찾지 못해
방황하던 날들

한동안 주머니에서 꼬여버린 이어폰 같은 나날들이 계속되었다. 나는 답을 모르겠는데 이미 답이 정해진 것 같은 실패한 삶의 느낌. 당시 난 온갖 부정과 우울감에 빠져 있었다. 남모를 시기와 질투. 못남 투성이인 나. 아무것도 하지 않으면서 남 잘되는 모습에 배가 아팠다. 하지만 겉으로는 웃으며 아무렇지 않은 척 그렇게 다녔다. 철없던 20대, 30대 초반. 주변엔 다 가정을 이루거나 자기만의 확고한 취미들로 각자가 바쁜 삶이었다. 적어도 내 눈엔 나 빼고 다 좋아 보였다.

지금은 안 보고 사는 옛 남자 친구가 내게 일침을 가한 말이 가끔 떠올랐다. 당시에는 기분이 상했는데 시간이 흐르고 생각하니 철이 없어도 한참 없었던 나였다. "그렇게 의미 없이 사람 만나는 거에만 쏟는 너 같은 30대는 처음 본다. 넌 꿈도 없냐? 취미도 없고? 그 나이 먹도록 뭘 하며 산 거니? 그리고 네 삶이 그리도 중요한데 연애를 왜 해? 대체? 너처럼 상대에 대한 배려와 노력 없이 본인밖에 모르는 애는 난생처음 본다." '지금 내 얼굴에 대고 바로 말한 거지?' 심장이 빨라졌다. 모욕적이었다. 그리고 부끄러웠다. 그런데 틀린 말은 하나도 없었다. 난 아무 꿈, 생각, 소중한 신념이랄 게 없었다. 그냥 주어진 하루만 물 흐르듯이 잘 살면 그뿐.

비난 섞인 나무람에 당황해서 되레 더 화를 냈다 "응? 나는 일도 하고 월급도 꼬박꼬박 받는 지금이 좋은데? 발전? 그런 게 굳이 왜 필요해? 꼭 뭘 해야 하냐? 지금이 너무 좋아. 하루하루 맛있는 거 먹으면서 좋은 사람들이랑 같이 즐겁게 지낼 거야!"라고 받아쳤는데 나를 향한 그는 답답해 죽겠다는 얼굴이었다.

내 미래를 나보다 더 걱정했던 그. 언제부턴가 우리의 연애에서 그는 나를 비꼬고 철딱서니 없는 사람으로 치부해 버렸다. 내가 가진 성향들과 가치관을 바꾸려 했고 내 지인들과의 관계도 끊길 바랐다. 눈치를 보면서 친구들을 만났다. 인생에서 나의 장점으로 생각했던 점들이 단점으로 추락했고 점점 자존감을 갉아먹었으며 나다움을 잃어갔다. 그리 길지 않았던 만남이었는데 '사람이 사람을 그렇게 변화시킬 수 있구나.'를 처음 알았다. 지금 와서 돌이켜보니 그런 행동이 '가스라이팅'이구나 싶다. 그러다 다시 또 생각하니 그 친구는 나를 진심으로 출구 없는 인생이라고 생각했던 거 같다. 그때까지는 진짜로 그랬던 걸 수도.

안 좋은 연애가 끝나고 3년여가 흘렀다. 그가 한 말은 나 자신을 돌이켜보는 계기가 확실히 되었다. 내 존재를 외부와 사람들과의 관계 속에서만 찾던 것을 뒤늦게 깨달았고 변하고 싶었다. 어느 순간 비슷한 만남과 오늘과 내일의 하나 마나 한 이야기들은 서서히 재미가 없어졌다. 일단 '나'부터 찾자! 무슨 꿈까지는 아니지만 규칙적으로 할 일을 하면서 나만의 취미도 만들자! 그게 서른 초중반의 생각이다. 그것이 계기가 되었을까? '스타벅스에서 책 보기'는 어느덧 자연스럽게 삶에 스며들었다.

자연스럽게 시간이 흘러갔다. 큰 변화는 없었지만 조금씩 취향이 생겼고 사람들 만나는 시간보다 혼자에게 집중하는 시간이 늘어갔다. 그러다 우연히 퇴근길에 이어폰으로 노래를 듣는데 울컥했다. '뭐지?' 노래 가사말이 내 이야기 같았다. 내 상황을 아는 건가? 속이 뜨끔했고 그날부터 나는 주인공으로 이입하여 무한반복으로 듣고 다녔다.

운동을 하고 열심히 일하고
주말엔 영화도 챙겨보곤 해
서점에 들러 책 속에 빠져서
낯선 세상에 가슴 설레지
이런 인생 정말 괜찮아 보여
난 너무 잘살고 있어 한데 왜
너무 외롭다 나 눈물이 난다

내 인생은 이토록 화려한데

— 정승환, 〈사랑에 빠지고 싶다〉

평생 혼자 살 팔자임을 직감했고 새로움은 없어 보였다. 감상적이게 될 때마다 과거가 생각났다. '그때 그러지 말았어야 했어!', '그건 정말 잘못했어!' 그렇게 몇몇 연애에서 나의 예의 없던 행동들을 시간이 한참 지난 지금까지 곱씹었다. 사과할 수 있는 타이밍을 놓쳤고 사람은 없었는데 그런 내가 바보 같았다. 앞으로는 같은 실수를 안 하면 되는데 못난 나는 자신이 없었다. 그런 마음으로 사로잡혀 출퇴근 내내 노래를 듣고 오늘도 스벅으로 출근했다.

4

찐친의 영향력

친한 친구 3명만 있으면 그건 성공한 인생이라 들은 적이 있다. 나에게 진정한 친구란 함께 성장할 수 있고, 만나면 잘 먹고, 잘 웃고, 잘 떠드는 일이 될 수 있는 사람이다. 또, 무엇보다 내가 잘되었을 때 누구보다 박수쳐주고 아낌없이 칭찬해 줄 수 있는 그런 사람이다. 내게는 대학교 시절에 만난 알고 지낸 지 20년 지기이자, 도전정신 만렙인 절친이 있다. 그녀는 친했지만 나와는 성향이 한참 달랐다. 내겐 늘 신기한 존재였는데, 20대부터 무수한 알바를 했고 그 나이쯤 친구들이 좋아한 카페나 영화관엔 일절 흥미가 없었다. 그 시간에 다양한 취미(헌혈, 봉사, 낚시, 바느질, 농활, 판소리, 음악 학원에서 노래 부르기, 안 해본 거 도전하기)를 쌓았다. 지금 와서 돌이켜봐도 그것들은 그녀의 한 가지 방향성으로 가기 위한 단단한 인생 초석이었던 것 같다. 친구는 혼자서 여기저기 찾아다니며 늘 상황을 만들어 새로운 걸 창출해 냈다. 게으르고, 취미랄 게 없던 나는 그녀를 보면서 스스로 부끄러운 적도 많았다.

그렇게 판이하게 다를 것 같은 우리였지만 친해진 계기는 수업 마치고 내가 떡볶이 먹자고 꼬시면서부터다. 건강한 마인드의 그녀는 알게 모르게 내 성향에도 영향을 미쳤고 밝은 에너지가 잘 통했다. 무엇보다 큰 공통점은 인생 최고의 리액션을 탑재한 점이었다. 음식을 먹거나, 자연을 보거나, 새로움을 보고 행하고 느낄 때의 감동 포인트가 놀랍게도 비슷했고, 리액션 부자 '까르르까르르'가 늘 함께였다. 떡볶이를 통해 가까워진 우리는 지금도 음식을 먹을 때 "맛있다! 정말 맛있다."를 천오백 번씩 외친다. 둘이 핑퐁으로 주고받으며 대화의 화제가 시시각각 바뀌면서도 금세 원래 궤도로 돌아가는 꿍짝 잘 맞는 친구로 지금도 지내고 있다.

그러던 어느 날 친구는 시골에 땅을 샀으며 집을 짓기로 했고 농사를 지어보고 싶다고 했다. 그때 그녀 나이 33세의 일이다. '와! 또 놀라게 하네!' 내가 아는 전원주택 내지는 귀농해서 농사를 일구는 사람은 대략 나이 50대가 넘어야 했고, 농사를 짓고 주택에 사는 것은 은퇴 이후의 삶 말고는 나는 생각나는 것이 없었다. 왜냐면 내가 아는 세상은 그게 다였으니깐. 친구의 집 짓는 공사 현장을 따라가 보니 정말이지 맨땅에 목조주택의 뼈대가 보였고 위로 올라가고 있었다. 가설재 (*공사 과정에서 임시적, 보전적으로 설치하여 사용하다가 공사 완료 후 해체하여 철거하는 모든 자재)들이 쌓여있는 모습을 보고 작업자 아저씨들이 계신 걸 보고서야 '진짜구나!'를 확인했다. 몇 개월이 지나 집이 뚝딱 완성된 후 그녀는 남편과 함께 기다렸다는 듯이 바로 전원생활로 투입했다. 태어날 때부터 밭을 일군 사람처럼 그 삶을 즐겼고 진심으로 행복해 보였다.

그녀의 여러 성취력 그 이면에는 남들이 모르는 무수한 노력을 했다는 걸 누구보다 잘 알고 있다. 친구의 이런 삶을 대하는 방식은 내게 '인생을 살아가는데 다양한 모양과 모습이 있구나!'를 깨닫게 해준 계기였다. 깨닫게는 해줬지만 그걸 보고 '나도 뭔가를 해봐야지.'란 생각은 전혀 못 했고, 여전히 난 '평범한 나', '자신감 없는 나' 속에 갇혀 있었다.

여느 날과 마찬가지로 평소처럼 이야기를 나눴다. 그런데 갑자기 친구가 한계에 다다른 말투로 내게 말했다. "넌 정말이지 스스로의 가치를 너무도 몰라! 대체 왜 모르는 걸까?", "…." 순간 망치로 세게 얻어맞은 느낌이었다. 은연중에 자기 비하가 섞인 한탄조의 내 말투가 그날따라 참고 참던 그녀를 폭발하게 했던 것 같다. 그날 친구의 말은 서서히 나를 움직이게 했다.

커피 말고 놀이터가 필요해!

친한 언니를 오랜만에 만났다. 대화를 나누다가 정확하게 왜 스타벅스 카페 이야기가 나왔는진 모르겠으나, 어쨌든 나왔다. 언니가 말하기를 "그런데 요즘 카페에서 공부하는 애들은 뭐 하는 애들이야? 왜 거기서 공부를 해? 음악 나오고 시끄러운데, 막 노트북도 갖고 오고 영어 공부도 하고 그러더라? 그게 공부가 되겠어? 참~" 나는 말했다.

"언니! 그거 나야, 흐흐. 나도 그중의 하나야."

"응? 거기서 뭐 하는데?"

"책도 읽고, 음악도 들으면서 공부하지요. 일정도 정리하면서 얼마나 할 게 많은데요?"

사람 좋아하고 같이 도모하는 그 모든 걸 좋아하던 내가 변했다. 스벅 루틴이 생기면서 사람 만나는 것보다 내 시간을 갖는 게 더 재미있었다. 단순히 스벅 때문만은 아닐 거다. 20대 초반부터 40대에 이르기까지. 시간이 흐른 만큼 나이도 먹었다. 나이를 먹으면 본인의 고집과 취향이 강해진다고 한다. 이는 기존의 생각들이 숱한 경험을 통해 더욱 단단해지기 때문이라 들은 적 있다. 그래서인지 본인 의견만이 '무조건 옳다'는 답정녀 마인드의 사람들과는 감정 소비하고 싶지 않았다. 물론 나 또한 누군가에게는 같은 입장일 수 있긴 하겠지만. 여하튼 여러 가지 상황들이 자연스럽게 이어졌다.

생각해보니 좋아서 찾을 때나 힘들어서 찾았던 스벅에서 책을 읽기 시작하면서부터인 듯하다. 책은 내게 현실로부터의 도피처이자, 다시 용기를 갖고 회복을 도와주는 발판이기도 했다. 책과 카페. 카페에서 책을 읽는 콜라보 시너지는 내 절친처럼 든든했고 틈만 나면 카페에 가는 그 시간이 설레었다. 스타벅스에 수많은 음료가 있다고 한들 내가 마시는 음료는 어느 순간 같았다. 예전엔 그린 티 프라푸치노에 휘핑크림을 듬~뿍 얹어 '앙!' 하고 무는 게 최고 낙이었는데 지금은 열심히 고르는 척. '오늘은 다른 거 마셔볼까?' 하다가도 결국엔 '아아(아이스 아메리카노)' 아니면 '뜨아(뜨거운 아메리카노)'만 찾게 된다. 그리고 환상의 조합인 클라우드 치즈 케이크, 이 묶음으로 나는 20년 가까이 먹었다. (먹는 것에 새로운 도전을 잘 못하는 편.)

그렇게 맨날 가도 즐겁고 편안한 스타벅스 카페는 인생에 큰 전환점이 되었다. 스스로 라니벅스(내 이름을 딴)라는 애칭도 붙였다. 라니벅스는 내게 나만의 오롯한 시간을 즐길 수 있는 최적의 공간이었다. 어느 순간 스타벅스 가는 날 나만의 옷 입기 리추얼(ritual)이 생겼다.

평소 근무 날은 퇴근 후 집에 가서 편안한 운동복에 캡모자를 푹 눌러 쓰고 책 한 권을 뽑아 들어 재빨리 간다. 늦춰지면 귀찮아서 무산된다. 그리고 쉬는 날은 영화 〈인턴〉의 주인공 할아버지 '벤'처럼 각 잡고 옷 스타일에 신경 쓴다. 그날의 나는 옷장에서 특히 자주 안 입는 옷들만을 골라 매치해서 입고 갔다. 누구를 만날 것도 아닌데 신발장에서 구두를 꺼내 신고 공부할 것을 주섬주섬 넣고 어느 순간부터 필수 아이템이 된 독서대를 꼭 챙겨갔다. 그렇다고 길어야 3시간이 채 안 되게 있었지만 가는 그 순간의 내 마음가짐은 면접 가는 거 못지않았다.

어느 날 스벅에서의 독서를 통해 글쓰기에 조금씩 눈을 뜨며 삼행시를 포함한 여러 응모 행사와 후기 작성 글들에 취미를 붙이게 되었다. 나를 아는 예전 지인들은 많이들 놀라 했다. "네가? 글을?" 당시 다니던 회사에서는 직원들의 교육에도 힘썼지만, 복지 차원의 다양한 프로젝트를 선보였었다. 그중에는 업무 글쓰기 관련과 상식 퀴즈가 많았다. 예를 들어 회사에서 응모 100개를 주최했다면 난 그중 70개는 도전했다. 간단한 한 꼭지 글쓰기들이었는데 당첨자 발표에 90%는 이름이 올라갔고 커피, 아이스크림, 케이크, 도서상품권, 피자나 치킨 등의 배달 음식 상품권 등 골고루 받았다. 직원들 사기를 북돋아 주려고 즐겁게 만들어주는 회사가 좋았고, 이리 좋은 부업이 없다며 더 열심히 했다. 다른 사람들은 귀찮아서라도 안 하는 걸 시간 10여 분만 투자해서 모바일 간식 쿠폰을 받을 수 있으니 재미있었다. 그렇게 집중하는 새로운 취미가 쌓여갔다.

어떤 날은 회사 내에 〈사람과 하늘〉이라는 사내 소식지(매거진)가 있었는데, 사내 2기 명예기자단 모집이라는 벽보를 보았다. "명예 기자? 기자들처럼 진짜 인터뷰도 하고 그런 건가?" 예전의 나라면 쭈뼛 머뭇거렸겠지만, 도전해보고 싶었다. '떨어지면 말고.'란 마음으로! 이런 과감한 생각에 놀랐다. '내가 언제 이랬던 적이 있던가?' 경주마처럼 늘 앞만 보던 나는 조금씩 시야가 확장되고 있었다. 남의 시선보다 내 감정과 생각을 우선시한 모험 감행! 열심히 지원서를 작성했는데 내가 봐도 흡족했다. 면접자가 진정성을 느꼈을 거란 확신이 들며, 결과는 사내 명예 기자 응모에 합격이었고, 임직원들 상대로 사람 & 업무 스토리, 회사 이곳저곳의 소식들을 글로 써서 소개했다. 그 시간을 2년간 이어갔다. 회사 내에서 업무는 업무대로 기자 생활은 기자 생활대로 효율적 시간 분배가 왜 중요한지 조금씩 깨달아 가며 서서히 내면이 단단해져갔다.

신기한 기분이었다. 여러 면에서 의존적이던 내가 스스로 할 것들을 찾고 검색했다. 다음 쉬는 날의 계획을 세우고 리스트를 만들었다. 그러면서 어김없이 쉬는 날은 아침 7시에 스벅에 도착했다. 지금 생각해도 살면서 그렇게 흥미롭게 빠진 놀이터 같은 공간은 처음이었다. 새로운 공간에 가는 즐거움을 느끼며 다른 카페 투어도 종종 즐기는 나였지만, 결국엔 스타벅스였다.

여기가 진짜 내 집이면 얼마나 좋을까를 생각했고, 스벅 공간이 나의 주된 책 읽기 장소가 되면서 새로운 꿈을 꿨다. 거창하진 않아도 나만의 개인 서재를 갖고 싶었고, 원목 느낌의 따뜻한 조명이 섞인 인테리어로 집 분위기를 꾸미고 싶었다. '집에서 음악은 꼭 스벅에서 흐르는 재즈를

틀 거야!'라며 '언젠가는'을 자주 되뇌었다. 그렇게 핸드폰엔 인테리어 사진 폴더를 만들어 좋아하는 취향들을 켜켜이 쌓았다.

8년 전이 떠올랐다. 집에서 독립해 오피스텔 원룸에서 혼자 2년 정도 살았고 처음으로 8평 남짓의 빈 곳을 채운 적이 있다. 나름 개인적으로 만족해서 처음 SNS에 올렸는데, 집 꾸미는 플랫폼에서 DM(Direct message)이 왔다. 올린 사진이 인상적이라면서 본인들 사이트에 공유해도 되냐는 내용. "당연하죠." 올라간 사진에는 방이 예쁘다는 모르는 이들의 댓글들이 주르륵 달렸다. 처음으로 꾸민 원룸 방이었고 생각지도 못하게 칭찬받으니, 기분이 좋았다.

내 인생에 책을 각 잡고 읽은 것도 신기한 일인데 갑자기 '글'이란 걸 쓰게 되고 예쁜 게 좋아서 잡지에서 본 걸 나만의 방식으로 흉내 낸 것뿐인데 뭔가 전보다 하나씩 인생 업그레이드가 돼가는 기분이었다. "뭐지? 이게 되네?" 점차 자신감이 생겼고, 스스로 칭찬도 해주며 나를 아껴갔다. 하나씩 안 해본 일들을 했다. 그중 하나가 봉사활동이었고 어찌어찌 지금의 남편을 만났다.

결국엔 카페 같은 집을 완성하고 사는 지금 내 성취의 8할은 스타벅스 루틴으로 키워진 감성과 안목, 그리고 쌓아온 시간이라고 생각한다. 커피 맛의 일가견은 없지만 그냥 맛있었고 공간이 주는 힘은 내게 컸다. 그렇게 나만의 놀이터 공간에서의 시간은 새로운 세계를 열어줬고 추가로 긍정적 마인드와 태도를 얻은 것은 큰 재산이 되었다.

'내 속의 뜰을 잘 가꾸자'는 말을 제가 좋아해요.

속 뜰을 잘 가꾸려면 끊임없이 사색하고 책을 많이 읽고,

잘 웃고, 삶을 긍정하는 연습을 해야 합니다.

그러다 보면 삶에 대한 설렘이 생기고 재미있어요.

— 이해인, 『이해인의 말』

🖊 스타벅스에서 한 일

메모와 기록에 대해 중요하다 늘 생각은 했지만, 역시 시작만 잘했었다. 용두사미의 끝판왕으로 쓰다만 노트와 포스트잇 메모가 가방 여기저기 난무했던 나는 스타벅스에서 하나씩 모으게 된다. 예를 들면, 독서 노트, 업무 공부 파일, 코로나 시 응모, 회사 명예 기자 지원 및 활동, 각종 삼행시, 개인 자서전 형식의 책, 핀터레스트 인테리어 모음 등이다. 결코 헛되지 않았던 시간들이다.

2장

용감하게 시작한
집짓기 프로젝트

①

39세, 어쩌다 보니 땅!

부부의 취미는 밤 산책이었다. 저녁을 먹고 근처 공원과 아파트 주변 길을 돌며 돌아오는 길엔 편의점에 들러 만 원에 맥주 4캔을 사고 바로 무인 아이스크림 가게에 가 뭐 하나라도 들고 오는 게 우리의 걷기 코스였다. 어느 날 우린 가보지 않았던 새로운 코스를 알게 되었는데 뒷산과 이어지는 길 따라 들어가니 단독주택 10여 채가 눈앞에 있었고, 입구에 '성'과 같은 느낌의 첫 집을 비롯하여 여러 개성 있는 집들을 만났다.

우린 반가움과 부러움이 뒤섞인 얼굴로 "와, 세상에 여기 이런 곳이 존재했네? 신기하고 궁금하다~ 낮에 다시 와보자~!"라고 말했다. 며칠 뒤 주말 낮에 와보니 밤에 어두워 잘 못 봤던 주인들의 개성이 묻은 마당, 조경, 현관, 주차장 등이 한눈에 들어왔다. 외부만 보았지만, 겉면의 인테리어 부분 부분은 주인의 성향을 반영한 듯 보였고 맘에 드는 집을 발견했을 땐 집주인이 어떤 분일지 궁금했다. "저런 집엔 누가 살까 오빠?" 평소에도 예쁘고 씩씩한 마인드의 어린아이들을 보면 그 아이 자체도 놀랍지만, 이 아이의 환경인 부모님이 어떤 분일지가 더 궁금한 것과 비슷한 맥락이랄까?

"우리도 이런 데 살 수 있을까? 어렵겠지?" 남편은 말했다. "나중에 살지 왜 못살아~?", "그 나중이 몇 살인데?" 심히 궁금했다. 근거 없는 자신감이 바로 이런 것일까? 아파트 청약만을 노리던 우리였다. 평생 궁금할 일이 없을 거라 확신했던 집. 이번 생에 인연은 꿈꿔보지도 않았던 공간. TV에서 부잣집 배경으로만 여겼던 그런 집, 단. 독. 주. 택!

이 지역의 단독주택 시세가 그날을 계기로 궁금해졌다.

'내 주제에 단독주택이 가당키나 하단 말인가?'라고 생각하다가 이윽고 '뭐 어쨌든 꿈은 꿀 수 있는 거잖아?'라고 고쳐 생각한다.

'그런데 단독주택에서 살려면 돈이 얼마가 필요한 거야?' 얼마인지도 모르지만 비싸겠지. '그래, 그래서 얼마?' 나는 단독주택을 모른다. 아! 초등학교 2학년 때 서울에서 전학해 온 친구네 집이 단독주택이었다. 맞네~ 그랬네. 학원을 같이 다녔는데 그녀가 집에 초대했다.

으리으리한 높은 담장의 집. 큼지막한 철문을 여니 큰 바위들이 양쪽에 켜켜이 쌓여 있었고 그사이 계단을 열심히 밟아서 올라갔던 곳. 올라가던 그 길엔 두꺼비 조각상 입에서 물이 뿜어져 나왔던 집. '압도당하는 게 이런 거구나!'를 생애 처음 느꼈다. 집엔 도우미 아주머니가 상주했고 우리에게 음료수를 가져다주었다. '우리 집'만 한 크기의 방을 혼자 사용했던 2층 친구의 방엔 그 시절 추억의 상징인 바비 인형(마론 인형)이 한눈에 봐도 여러 개 있었다. 형형색색의 옷들 또한 가득했다. 나는 부모님을 졸라 두 개까지 겨우 사고 옷을 돌려 입었는데 전혀 다른 세계의 그 친구는 학년이 바뀌고 자연스레 잊혀졌다.

그녀는 잊었어도 그 충격의 대궐집은 내 머릿속에 지금도 그림처럼 남아 있다. 그때의 나는 '언젠가 이런 집에서 살아야지!'란 꿈을 꾸지 못했다. 그건 그냥 남의 일이기 때문이다. 그 후로 30년이 흐른 지금. 지금도 단독주택은 남의 일이고 나와는 상관없는 집이었다.

그런데 '단독주택 집은 '집 구경'하려면 어떻게 해야 하지?' 호기심이 발동했다. 근방의 부동산에 조심스럽게 전화를 걸었다. 약간 떨렸다. "여보세요? ○○부동산이죠? 이 부근의 단독주택 매물을 찾고 있습니다. 혹시 매물 나온 게 있을까요?" 당당하고 잘 아는 척! 몰라도 아는 척! 자신감 있고 호기롭게 말한다. 예전에 동대문의 밤 시장(옷 판매하는 시장)에 가서도 판매 언니들의 '기'에 눌리면 안 된다는 일념으로 자연스럽게 사업자인 척했던 경험을 살려 오늘 위풍당당 전화를 하게 했다.

부동산 중개인 왈,

"네, 나온 거 있어요. 7억 5천에 나왔고, 한번 보시겠어요? 시간 언제 가능하세요?"

"네? (당황) 아, 지금 바로 가능해요."

'뭐야? 단독주택 집 구경하는 게 이렇게 쉽다고? 세상에나.'

일사천리로 연락이 닿고 기회 놓칠세라 바로 집 구경을 갔다.

외부에서 본 그 웅장한 3층 집을 시세에 대입해본다. 7억 5천이구나. 750,000,000! 그런데 생각보다는 7억 5천이면 그래도 괜찮은 거 아닌가? 물론 난 7억 5천이 없다. 집값이 얼마인지 전혀 모르다가 금액을 듣고 나서 조금 친근해졌을 뿐이다. 드디어 단독주택 문을 열고 입장했다. 그런데 '어? 막상 들어가 보니 외부에서 보았던 으리으리한 위엄이 안 느껴진다? 무슨 일이지? 희한하다. 분명 웅장했는데.' 내부는 평상시 알던 아파트 구조였다. 어릴 적 그 친구네서 느끼고 봤던 그런 집은 없었다. 건축 잡지인『전원 속의 내 집』이나 〈구해줘! 홈즈〉와 같은 멋진 집을 구하는 프로그램을 봐 오던 터라 실망스러웠다.

건축전문가도 아니고 그 관련 언저리도 아니지만 일반 내 눈에 비친 소감은 집 동선이 어수선했고, 탁 트인 느낌이 전혀 없었다. 현관을 지나 복도를 걸어 거실과 마주했을 때 전체적으로 미로 같은 집 느낌이랄까? 어릴 적 놀이동산 가면 만났던 '거울의 방' 같았다. 겨우겨우 방들을 찾을 수 있던 놀이로서 즐거웠던 추억의 곳. 집에 햇빛이 쫙 들어오지 않았고 앞집 건물이 무척 가까웠다. 마당은 없었고 지하 주차장 안쪽의 창고 공간은 습함이 절로 느껴졌다. 이럴 거면 아파트에 그냥 살아도 되지 않았을까? 아주 평론가 제대로 납셨다. 이 집에 살려면 리모델링이 필수라는 생각과 속으로 '단독주택 별거 없네.'였다.

그렇게 한참 집 구경하다가 집주인이 이 집을 직접 지은 시공사 사장님임을 알게 되었다. 2차 충격! 또 집주인이 설명하는 이 집은 '단점 하나 없는 장점만 넘치는 집'이라는 끊임없는 자랑을 듣고 있자니 '저분, 이 집 엄청나게 팔고 싶구나!'를 느꼈다. 집을 보고 난 후 남편과 나는 서로의 눈빛을 보고 같은 생각임을 다시 직감했다. '단독주택 별거 없네. 쫄 거 없어!'

우린, 단독주택 문턱이 생각보다 높지 않다는 마음. 쭈뼛거리지 않아도 되겠다는 마음이 생겼다. '어? 나도 살 수도 있겠는데.'라는 마음의 자신감이었다. 이런 집들이 더욱 궁금해졌다. 처음에는 어려웠으나 주택 매물을 알아보는 건 수월했다. 부동산에 전화하거나 유튜브를 비롯한 각종 매체를 통해 정보를 손쉽게 구할 수 있었던 거다. 그동안 이런 정보 구하기가 어려운 게 아니라, '나는 저런 곳은 못 살 거야.'라는 마음가짐 자체였음을 알았다.

'무언가를 하면 반드시 무언가가 벌어진다.'라는 보노보노 만화의 어록을 생각하면서 우린 주말마다 집 투어 데이트를 시작했다. 집도 보면서 공짜로 안목도 키울 수 있다는 행복한 마음가짐으로! 단독주택들과 타운하우스 매물을 보러 다녔는데 세상에 예쁘고 아름다운 집은 너무도 많았다. 평생을 아파트와 빌라의 획일성에만 익숙했던 나는 각양각색의 집 형태에 매료되었고 집 한 채 한 채마다의 개성이 마치 한 사람 한 사람처럼 느껴졌다. 그렇게 발품을 팔며 즐겁게 집 투어를 하고 어느 날 기가 막히게 마음에 드는 집을 발견했다. 화이트 벽체에 나무 울타리, 그리고 중간 중간 원목을 덧댄 세련되고 깔끔한 느낌의 하우스! '아, 저런 데 살고 싶다. 예쁘고 고급스럽다~' 딱 마음에 든 그 집 매물 가격이 13~14억 선이었는데, 그 금액은 우리에겐 언감생심이었다. 1분도 안 되어서 파사삭 깨져버린 꿈! 우린 저 돈은 안 돼! 우리가 처음 7억 5천만 원짜리 집을 보고 꿈을 꿨는데 그사이 눈도 높아지고 지역을 옮길 때마다 10억의 매물 값은 기본이었던 거다. 그렇게 집들을 보다가 퍼뜩 발칙한 생각에 닿았다.

'어? 아니 이럴 거면 맨땅을 사서 우리가 직접 집 짓는 게 훨씬 나을 수도 있겠는데?'

어디서 그런 자신감이 나왔는지는 지금도 알 수 없지만, 부동산의 '부'도 모르던 내가 '땅만 잘 고르고, 건축비를 최소화하면 아예 방법이 없진 않겠다.'란 생각이 들었다. 막무가내 정신이 번뜩였고 그 방향으로 맘을 틀었다. 어떻게 집을 짓게 되었느냐는 질문을 나중에도 많이 받았는데 진심으로 단지 '뭔가 재미있을 것 같아서'였다. 그땐 그랬다.

이 자신감의 9할은 동네에서 처음 보았던 그 단독주택이 정말이지 내 맘에, 별로였기에 가능했다. 겉만 번지르르하고 내부가 아쉬운 용두사미 같은 느낌의 집이 내게 용기를 주었다. '야! 너도 할 수 있어~' 그 집이 나를 꿈꾸게 해줬다. 미안합니다. 또한 인테리어도 내 맘대로 해서 '나의 최애 공간인 스타벅스 같은 집으로 꾸미면 좋겠다!'란 생각으로 온 마음이 향했다.

'뭐든 뭣 모를 때 시작하는 게 제일'이라는 생각으로. 인생이 늘 계획대로만 되면 재미없지가 떠오르는 대목이었고 지금의 기분은 흡사, '내 인생에 결혼이란 게 존재할 수가 있을까?'를 생각하다 만난 지금의 남편과 만난 지 3개월 만에 결혼을 추진할 때와 같았다.

　뭐든 한 번에 온다고 했을까? 우연히 산책하다 동네 단독주택 집들을 보고 용기 내서 부동산에 전화를 걸고 난데없이 땅을 산다는 마음이 들기까지. 참 재미있다. 평소에 작은 일이나 취미들도 프로젝트처럼 만들어 'OO 프로젝트' 부르며 노는 걸 좋아했던 나는 이 또한 멋진 프로젝트가 될 것 같았다. 물론 쉬운 일은 아니겠지만 당시 우린 도전 욕구가 뿜뿜했다. 특히 남편보다 내가! 늘 머리보다 몸이 한참 앞서가는 나였기에 이번에도 강력히 추진했다.

　'이제부턴 땅이다! 완성된 집을 보러 다니는 게 아니라, 빈 땅을 찾는 거야!'
　그렇게 방향성이 명확해지며 집중할 만한 것이 생겨 기뻤다. 단순했다. 그날 그 한 통의 전화로 지금에 이르렀다.

부동산 말고
LH 토지주택으로 할게요!

그 후 땅을 한참 알아보고 다닐 때 어떤 기준도 정보도 전무했던 우리는 부족한 자신을 느꼈다. 평생 만날 거라 여기지 못했던 단독주택에 이어, 땅도 마찬가지였다. '땅은 또 어떻게 사는 거지?' 호기롭게 방향은 결정했지만 산 넘어서 산이었다.

돈 공부에 미약했던 우리 부부, 남들 따라 한다고 했던 주식, 경매, 펀드 등 공부 없이 시작했다. 남들 하니깐 해야 하는 건가 싶어 따라 했고, 가볍게 빠지다 말기를 반복했던 쳇바퀴 공부였다. 부동산에 가서 땅값을 알아보면 마치 부르는 게 값인 느낌이었고 알아도 속고 모르면 더 속는 것만 같은 느낌이 강하게 들었다. 일단 시세를 안다고 해도 전문적 정보가 없고, 전문 용어도 모르고 주변 분위기만으로는 어려웠다. 물론 그때부터 공부를 시작했지만, 천천히 알아보고 하기보다 빨리 토지 구매 결정이 나면 좋겠다고만 생각했다. 공부 못하는 애들의 전형적인 특징이 바로 나다. 아무 준비는 안 하면서 결과만 기다린다. 그러던 찰나 우연히 도서관에서 내 상황을 족집게처럼 알고 있는 집짓기 책을 발견했다. '어? 우와~' 내게 한 줄기 빛이 되어준 작가의 강력한 코멘트!

혹시 단독주택을 짓고자 땅을 구입한다면 무조건 부동산을
찾을 것이 아니라 LH 공사를 먼저 방문해 보길 권한다.
아파트도 최초 분양가가 제일 저렴한 것처럼
토지도 LH 공사에서 분양하는 가격이 가장 저렴하다.

— 이지성, 『부부의 집 짓기』

단 한 번도 생각 못한 것. 'LH 주택 공사는 아파트만 하는 거 아니었어?' 사람은 아는 만큼만 보이는 법이다. '나이스!' 흥미로웠다. 역시 간절히 원하면 이뤄지는 법! '이지성 작가도 단독주택 집을 지었구나. 게다가 파주라고?' 내가 관심 있게 검색해 본 동네라는 반가움과 함께 그 자리에 주저앉아 신나게 다 읽어버렸다. 이틀 뒤 우리는 부동산이 아닌 LH 한국토지주택공사 ○○점으로 찾아갔다.

돈알못 · 설알못 · 건알못

돈을 몰랐다. 설계를 몰랐다. 건축을 몰랐다.
모르는 거 투성이가 덤빔 그 자체였다.

(1) 돈알못 건축주

'택지개발지구 내 단독주택지'라는 기막힌 상품. 한국토지주택공사에서 신도시나 택지를 개발할 때 단독주택용 택지도 함께 조성해서 수요자에게 분양하는 것이다. LH 한국토지주택공사에 방문하고 몇몇 곳의 미분양된 빈 땅들을 추천받았다. 공급 대상 토지들의 번지수를 확인해서 찾아다녔는데 꽤 많은 곳이 빈 땅인 것을 확인했고 놀랐다. 많은 빈 땅들을 이렇게 찾을 수가 있었구나! 가격 흥정 없이 정찰제인 것도 차라리 맘이 편했다.

우리는 시골에서 한적하게 지내는 전원주택이 아닌 인프라가 어느 정도 갖춰 있는 택지 안의 단독주택 부지를 알아봤다. 정원 가꾸기에 엄청난 큰 뜻이 있는 것도 아니고, 적당히 인프라가 있으면서 우리만의 취향이 담길 집을 찾았다. 그렇게 맘에 드는 땅 발견! 땅을 산다고 당장 집을 지을 것은 아니었지만, 함께 거주할 친정아버지께서는 이 땅이 해가 잘 들고 돈 들어오는 '땅'이라 하셨다. 우리는 책을 통해 직접 LH로 찾아갔지만 'LH 청약 센터'를 온라인에 검색하면 단독주택을 포함한 여러 토지 공급 공고문이 계속 올라온다는 정보를 접했다. 일반적이지 않은 사다리꼴 모양의 땅에 마음이 끌렸고 여러 이유로 능동적으로 우린 그 땅으로 결정했다. 우리가 결정한 땅이 좋은 건지 100% 확신은 할 수 없지만(애당초 100%라는 게 존재할 리는 없잖아?) 치명적인 단점인 가격이 비싼 것을 제외하면 우리가 살기에 장점이 많았다. 지하철역, 도로, 공원, 학교, 상하수도와 같은 기반 시설과 쇼핑, 문화, 의료 등의 편의시설 인프라 구축이 잘 되어 있어 불편함은 딱히 없을 것 같았다. 근처 빈 땅들 위에는 '나는 LH 토지'라는 걸 알려주는 연두색 펜스가 쳐져 있었고 그 당시 우리 땅 주변에는 두 집만 사람이 살고 있던 터라 횡한 느낌이었다. 난 오히려 좋았다. 옆집 할아버지께서 "여기 땅 알아보려고요?", "네~ 주변 좀 살피고 있습니다.", "주변 조용하고 참 좋아, 이사 오면 한적하니 좋을 거예요~" 친절한 할아버지의 말씀도 힘이 되었다. 그렇게 우리에겐 땅이 생겼고 설렘과 동시에 인생 첫 경험에 어리둥절했다. 땅을 계약하기 전 매입 대금 납부 과정에 대해 LH 브로슈어(책자)를 촘촘히 읽었다.

촘촘히는 읽었지만 다 이해한 건 아니었다. 앞으로 집을 짓는 데에는 건축설계사(건축사)와 시공사를 알아봐야 한다. 우린 절대 급하게 짓지 않을 거라 다짐했다. 대금 납부하는 방식에서 선납 할인제도(*토지 대금 잔금을 일시불로 납부하면 원금을 할인해주는 제도) & 분양대금 대출 추천서(*매수인이 20% 선 납부를 마치면 분양 대금 또는 건축자금 조달 지원을 위해 토지 공사에서 추천서를 작성해주면 은행에서 최대 80%까지 대출 가능)가 있었다.(우리가 매입 당시에는 이런 조건이었으나 지역, 매물에 따라 다르다고 알고 있음. 2024년 현 기준정보는 자세히 문의 바람.)

아버지와 우리는 각자 있는 돈을 끌어 모아서 미리 대출만은 피하고 싶었다. '땅은 있는 돈 안에서만 대출 없이 해결하자! 어차피 당장 지을 것도 아니잖아. 대출 어느 세월에 갚겠어~!'라는 생각으로 우리가 선택한 방식은 선납 제도 활용이었다. 약 3,000만 원 정도 할인을 받고 역시 잘한 선택이라며 신나 했다. '돈이 없어 봐야 또 열심히 벌어서 건축비 마련하지'라는 심산으로 결핍이 필요를 만들 것이라고 생각했다. 그러다 땅을 산 지 두 달이 채 지나지 않았는데 뉴스 기사를 발견했다. '코로나에도 집값 뛴 ○○ 지역', '풍선효과·5호선 연장 기대감!' 아버지가 말씀하신 돈 들어오는 땅의 운이 맞아떨어진 걸까?

3월에 우리 땅 옆에 단 두 채만 거주했는데, 5월이 되자 다 팔렸음을 LH를 통해서 확인했다. 와! 코로나19 확산으로 서울 집값이 전반적으로 약세를 보이고 있지만 경기 ○○ 집값은 오름세이고 생활 인프라 시설이 개선돼 서울 출퇴근이 가능한 입지가 부각된 이곳이 오른 거라 했다. 결정적으로 지하철 연장의 기대감이 흠뻑 반영되어 일반 건축주들뿐 아니라, 건축업자들이 대거 사들인 것이다. 이렇게 빠른 시간 안에 변화를 눈 앞에서 보니 신기했다. 그 후 서두른다고 서두른 건 아니었는데 우리의 집 짓기는 자연스럽게 시작되었다.

갑자기 동네에 활기가 돌았고 동시에 공사가 시작해서 끝나면, 추후 소음 문제도 적고 동네 정리가 해결될 테니 잘된 일 같았다. 어느 날 아버지는 지인 분 건너 건너의 회사로 알게 된 설계사를 소개해 주셨다. 아는 분을 통한다는 자체가 썩 내키지 않았다. 우리 의견에 대해 좋고 싫음을 돈을 냈음에도 불구하고 편하게 다 못할 게 불 보듯 뻔한 일이었다. '지인에게 하지 않는 공사는 50%는 이미 성공'이라 들은 적도 있다. 그렇게 다른 건축사를 찾았고 진행했다. 변수가 생기고 나니 우리가 완납한 토지매입금이 아쉬웠다. 예산이 빠듯한 상태에서 집짓기를 시작하면 건축주는 막판에 만신창이가 된다고 들었는데 당연한 이야기지만 중요한 건 맨 처음부터 확실하게 돈 계획을 마무리지었어야 했다.

집짓기 시작 전, 토지 소유권 등기가 있는 상태에서 금융권을 찾으니, 아직 건물이 올라가지 않은 땅이기에 대출받을 수 있는 금액이 생각보다 적었다. 우린 건축 비용에 마이너스 통장과 함께했고, 비축 자금을 울면서 꺼내 들었다. '이럴 거면 애당초 받을걸, 80%까지 여유 있게 받을 수 있었는데.'라며 뒤늦은 후회를 했다.

우린 자금력 확보 부분에서 무지하고 부족했다. '좀 더 신중할걸. 좀 더 크게 멀리 볼걸.' 돈 개념이 순수하기를 넘어 무지 그 자체인 나는 16년의 직장 생활 동안에도 부끄럽게도 급여 명세서 한번을 제대로 본 적이 없었다. 핸드폰과 통장에 찍힌 금액만 대략 확인할 뿐 세금이 얼마큼 공제되는지 상여금과 인센티브 등 각종 부분은 상세하게 비교하거나 따져보지 않은 채 지내온 거다. 놀랍게도 귀찮다고 여겼다. 쉬지 않고 열심히 일했으니 '알아서 들어오겠거니.' 하는 안일함이 늘 따라다녔다. 돈 부분엔 무지렁이(*일이나 이치에 어둡고 어리석은 사람)가 특화된 인간이었다. 자기 자본을 전부 다 투자해서 집 짓는 사람이 우리 말고 또 있을까? 돈 여유가 있는 사람은 그럴 수 있겠다.

똑똑한 사람들은 모두 자기자본을 최소화하고 금융권의 레버리지를 통해 건물을 짓는다는 걸 집 다 짓고 나서 알았다. 나는 항시 앞뒤 재지 않고 일을 저질렀고 수습하면서 방법을 구체화했었다. 지르고 나서, '어떻게든 해결하면 되겠지!' 라는 무모한 마음들로 지난 40년간의 삶 대부분이 막무가내였고 그랬기에 가능했던 일도 분명 많았다. 하지만 문제는 디테일함이 빠져 있다는 것. 수습 과정에서 '아! 미리미리 알아둘걸.'을 주야장천 생각한다.

돈 개념이 무지한 사람은 절대 오래 갈 수 없다. 운 좋게 집짓기는 어찌어찌했지만, 유지가 얼마나 중요한지 뼈저리게 느낀다. 턱없이 드러난 밑천을 통해 돈 공부를 반드시 하겠다고 다짐한다.

'일단 도전!' 하는 식으로 그냥 하지 말고, 세상의 변화에
내 몸을 맞추는 과정을 성실하게 치러내시길 바랍니다.
앞으로의 시대는 생각 없는 근면이 아닌 궁리하는 성실함입니다.

— 송길영, 『그냥 하지 말라』

책이 말하는 부분과 지금의 상황이 약간은 다를 수 있지만 '생각 없는 근면'이 날 두고 하는 말처럼 크게 와 닿았다. 그렇기에 돈 개념이 무지한 부분, 분명 아낄 수 있는 부분이 있는데 다음은 없다는 생각으로 욕심을 부리다 보니 남는 것은 인생 최대의 이자를 열심히 비싸게 갚아 나가고 있다.

(2) 설알못 건축주

우리가 만난 건축설계사는 차분하고 깊이 있는 성향이셨다. 뭣 모르는 우리의 이야기를 두서없이 했을 때도 가만히 들어주었다. 내가 품고 다니던 인테리어 사진 모음집을 들이밀며 인테리어 반영에 대해 꿈꾸듯 말씀드렸다. 지금 생각해도 우선순위의 개념이 부족했다. 설계를 시작하려면 건축 형태가 주였는데, 내 마음은 이미 뼈대도 없는 그곳이 마치 1부터 100까지라면, 1을 논하고 있을 시점에 70부터 말한 느낌이랄까? 그렇게 얼토당토않은 상황에서도 침착히 대응해 주셔서 따라갈 수 있었다. 이윽고 질문 리스트를 받았다. 라이프스타일, 몇 가구 거주, 각각 층

수와 방, 화장실 개수, 동선, 주택에서 꼭 해보고 싶은 일 등을 구체적으로 질문하셨다. 독특한 땅 모양을 살려 남 동향으로 집 위치를 두고 큰 창문으로 해를 온몸으로 받게끔 하면 어떠냐는 제안, 2층 계단 오를 때 외부에서 보이게끔 연출하는 것까지 세심하게 이야기를 풀어주셨다. 희망 사항 한 가지를 말하면 두세 가지의 아이디어를 주어 또 다른 꿈을 꿀 수 있었고, 설계사의 역할이 왜 그렇게 중요한지 알게 된 시점이었다. 그 후로 몇 번의 설계 수정이 연거푸 이뤄졌고, 정말 이상한 게 아니면 최대한 반영해주셨다. 지금 생각해도 너무나 감사한 일이었다. 기본 없이 시작했음에도 운은 계속 우리의 편이 돼주었다.

(3) 건알못 건축주

다른 건 몰라도 시공사에 전화해서 "평당 얼마예요?"라는 배움이 낮은 무지함은 보이지 않겠다고 생각했다. 어느 책에서 봤는데 100에 90은 그 질문을 시작으로 전화가 온다고 했다. '제발 그러지 말라'는 코멘트와 함께.

결국엔 가장 저렴한 건축을 찾고 있다는 그 질문은 초보적인 질문이다. 어떤 자재를 어떻게 사용하느냐에 따라 건축비는 천차만별이고, 이런 건축 비용은 1억, 2억에도 가능, 그 이상도 무궁무진하다. 우리 부부는 짓고 싶은 형태의 집을 구경하러 여기저기 동네 탐방을 다녔다. 땅을 구하러 다닐 때와는 또 다른 시점이었다. 부동산을 통해서도 단독주택 매물을 소개받았고, 유튜브 광고를 통해서도 주소를 받았다. 부부의 자신감은 맨 처음 동네에서 본 주택을 볼 때와 달라져 있었다. 동네 한 바퀴만 돌면 보이는 건축 현장에 현장을 지휘하는 현장소장인 분들에게 주저 없이 물어봤고 또 마음에 드는 예쁜 집을 만나면 건축주가 밖으로 나올 때까지 기다렸다가 질문하러 갔다. 자연스레 인사하며 집에 대해서도 물을 수 있었다. 우리가 이미 땅을 매입해 둔 상태인 점이 낯선 사람들이지만 수월하게 이어진 부분이다.

그러던 어느 날 꿈에 그린 멋스런 집을 한 눈에 발견했다. 마당에는 싱그러운 조경이 눈길을 끌었고 캠핑을 즐기시는지 타프(*캠핑도구 중 하나)가 쳐져 있었다. 캠핑을 좋아하던 우리 부부는 더욱 반가운 마음이 들었다. 이 집처럼만 지을 수 있다면 얼마나 좋을까? 남편도 맘에 들어 했다. 집 주변을 한 바퀴 돌고 구석구석을 살펴보면서 우리의 집짓기가 더 기대되기 시작했다. 롤 모델을 발견한 것이다. "이 집이다! 이렇게 짓자, 우리도!" 건축주께 시공사 연락처를 부탁드렸고 며칠 뒤 시공사 사장님을 만날 수 있었다.

처음 시공사 사장님을 만난 장면이 아련하지만 지금도 정확하게 생각이 난다. 늦봄의 어느 날 그는 용달차를 타고 도착했고, 막 공사 현장을 마치고 입던 옷 그대로 약간의 등산복 차림새였다. 다리 한쪽은 긴 바지를 둘둘 걷어 올리고 들어왔다. 무테안경의 개구진 외모에 사람 좋은 호감형 인상을 하고 있었다. 그렇게 멋진 집을 완공 시킨 분의 수더분한 의상 스타일에 더욱 신뢰가 갔다.(사람을 쉽게 믿는 편) 남편은 공사의 여러 상황을 질문했고(우리가 아는 얕은 정보선) 단열재 부분에 대한 사장의 확고한 신념의 말(외 단열과 내 단열 이야기)이 인상 깊게 남았다. 그 시공사를 후보에 올려둔 채 일단은 헤어졌다.

그 사이 우리 집이 될 설계 도면을 갖고 여기저기 시공사들을 의뢰했다. 마찬가지로 온라인을 통해 나오는 세 군데 정도의 견적을 받았다. 메이저 건설사의 공사 현장을 직접 가 현장에서 미팅을 했다. 으리으리한 건물이 올라가고 있었고 체계가 잘 잡힌 곳답게 설명도 상세히 해주셨다. 공사 진행 과정을 건축주 눈높이에 맞춰서 해준다며 강하게 어필했다. 듣긴 너무 잘 들었는데 결론은 돈이 문제였다. 이분들과 시작하면 우리가 생각하는 시작점에서 기본비용만 2억이 더 필요했다. 중간에 뭐 하나 변경할라치면 200~300만 원씩 추가되는 건 놀랍지도 않은 사실이었다. 또 어느 곳은 우리가 생각하는 건축 비용 4억을 듣더니 어림도 없다 말했다. "아예 자재를 많이 다운시키세요. 그 돈으로 그 정도 컨디션의 집을 지을 수 있는 건설사는 없다고 보면 됩니다." 현실적 쓴소리를 했다.

그러다 지난번 용달차 시공사 사장님이 생각났다. "그를 다시 만나야겠어!" 그 사장님은 당시 새로운 집의 착공이 들어간 상태여서 직접 그곳으로 찾아갔다. 기초공사 터파기 이후 모습으로 착착 진행돼 보였고 건축주와 함께 사이좋게 있었다. 시공사 사장님(일명 'S' 사장님)과 건축 미팅하러 왔다고 하니, 건축주 두 분 내외는 두말할 것도 없이 본인들 만족도를 말씀하셨다. 우리 보고 "할 거면 여기저기 알아보면서 시간 낭비하지 말고 여기서 하세요. 우리도 알아볼 만큼 알아봤어요~" 하시며 "여길 찾은 게 다행이다."라고 하셨다. 우리는 다른 세 군데 견적을 받았을 때 우리가 원한 퀄리티의 집을 시작조차 할 수 없다는 것을 알았기에 마음이 이 시공사로 움직이고 있었다. 가장 필요하고 중요한 건 집의 결과물이다. 그리고 그 결과물에 사는 분이 만족하며 사는 것 이상은 없을 거라 판단했다. 건축주분들의 진심이 느껴지는 마음, 그리고 내가 바란 건축 완성본 실체, 또 우리가 원하는 모습의 건축 비용. 이 세 가지가 확실하니, 결정의 마음이 90% 이상 기울었다.

여태껏 공사한 곳이 많지 않은 신생 시공사지만 '누구에게나 시작은 있다.'라 생각했다. '이 세상의 대기업들도 처음부터 대기업은 아니지 않는가! 이 회사와 시작하는 게 되려 큰 기회일지 몰라' 최종적으로 S 사장님 시공사로 결정했다. 이것이 우리가 시공사를 선택한 방법이다. 그냥 모르는 사람이 들어도 그게 가능해? 라고 물을 수 있겠지만 우리에겐 그때 우리가 믿는 게 전부였다. 아버지를 설득하고, 믿어달라 말씀드렸다. "이 선택에 자신 있습니다!" 반신반의하셨던 아버지지만 몇 날 며칠을 부탁드렸고 결국 승낙해 주셨다. 소개해 준 건축주분은 계약이나 시공 과정 부분에 있어 주안점들을 설명해 주셨지만, 당시의 들뜬 마음으로 침착하게 귀담아듣지 못했다. 너무도 확실한 결과물이 있으니 공사를 진행하면서 차차 알아보면 될 것 같았다.

4

집 지으면 10년 늙는다고?
나는 절대 아니야!

'집 지으면 10년은 늙는다'는 건축학계 정설이 있지만, 난 그 말을 믿지 않았다. 겪어보지 않았으니 모르는 거라는 나름의 자신감과 확신, 그리고 어떤 상황이든 무한 긍정으로 바라보는 마음가짐으로 말이다. 언제가부터 자리 잡은 내 성격 중 대책 없는 긍정 낙관주의는 장단점이 아주 명확하다. 지금 같은 순간엔 장점! 걱정부터 하고 싶진 않았다.

그러나 나도 사람인지라 공사가 진행되며 조마조마한 2가지 해프닝은 존재했다.

토지 매매를 하고 땅 주인이 되면서 시작한 맨 첫 작업. 땅 경계 측량하던 날! 그날은 본격적으로 우리 땅을 자세히 본 날이다. 우리 땅 옆에 사람 좋아 보이는 할아버지 할머니 부부가 반갑게 인사하시며 다가오셨다. 집을 짓느냐고 물으시면서, 본인들은 옆에서 고구마 농사를 한다고 했다. 언뜻 들었을 때는 '아 그렇구나!' 생각하다가 동시에 '응? 여기서 농사를 지어도 된다는 말인가?!'란 생각이 스쳤다. 공사 시작하는 날짜가 정확히 언제쯤이냐 물으시기에 대략 8월 말~9월쯤 될 것 같다고 말했다. 그 뒤 정확한 대화가 다 생각나진 않지만, 대뜸 "아~ 그쯤이면 우리 농사지은 거 열매 맺기 전인데 다 망가지게 생겼네! 어쩐대 아이고. 여기다 뿌린 씨앗 값이 얼마인데…. 그러지 말고 새댁. 우리 씨앗 값이랑 농사 못 지을 거 100만 원 정도만 미리 줘. 어쩔 수 없지 뭐~"라고 했다.

처음 듣자마자는 '아! 우리 때문에 진짜 밭을 망치나? 그럼, 돈을 진짜 줘야 하는 건가?'라는 진심의 생각이 들었다. 그러다 여자 혼자 있다고 나를 만만하게 여긴 듯한 느낌이 2분 뒤에 스쳤다. 상황 판단이 그제야 된 나는 "아니 돈을 왜 저보고 달라세요? 여기가 저희 땅인데? 그런데 여기서 농사해도 되는 건가요? 두 분 땅인가요? 제가 알기로는 주택지에 농사 못 짓는 걸로 아는데요?"

추후 알게 된 사실은 그 땅은 그들 것이 아니었다. 기가 막혔다. 그런데도 어쩜 그리 당당할 수가 있을까? LH 주택 공사에 전화를 걸어 확인하니 그들에게 절대로 뭐 하나라도 주면 안 된다고 하였다. 본인들도 이런 분들 일일이 상대하기 너무 힘들다 속상함을 토로하시면서…. 이런 주택지 매물 빈 땅에 가보면 놀고 있는 빈 땅이 아까워서 먹을 거라도 심어놓자는 주의의 어르신들이 계신다고 한다. 밤에 가서 몰래 씨 뿌리고 장비 동원해서 경작하고. 아! 불법이긴 한데 실로 어려운 부분이라는 신문 기사도 접했다. 그런데 돈까지 요구하는 건 진짜 잘못된 거 아닐까?

어쨌든 무시하고 진행했다. 그들은 그 후 집 완공까지도 우리와 부딪히는 부분이 이어졌다.

또 하나의 해프닝은 코로나 시국에 그것도 가장 위험했던 첫해에 공사 시작을 한 거라 위험부담이 컸다. '여러 공사 작업자가 상주한 이곳에서 행여 코로나 걸리고 전체 공사가 멈추게 되면? 동네에 일파만파 퍼지고 급기야 뉴스에도 나와 심각한 상황임을 알리면 어쩌지?' 하는 맘으로 노심초사한 부분이 있다. 이건 공사 끝날 때까지도 놓지 못했던 맘이다. 긍정 낙관주의긴 한데 소심한 건 소심한 거다. 주위 상황을 미친 듯이 신경 쓰는 탓도 한몫한다. 그런데 코로나 걱정은 결국 공사 끝나는 날까지 나를 제외하고 모두 잘 지나갔다. 그 당시 나만, 코로나 밀접 접촉자가 되어 2주간 회사도 공사 현장도 못 갔던 해프닝으로 말이다.

그 해 엄청난 장맛비로 인해 우리 집보다 먼저 공사한 집도 일정이 연기되고 그에 따라 순차적으로 우리 공사도 자연스럽게 늦춰졌다. 비 온 뒤 눈부시게 맑고, 쨍하게 개인 9월의 아침. 막걸리를 뿌리며 설레는 첫 삽을 드디어 떴다. 공사의 기초 공사는 맨땅에 포클레인 두 대가 들어와 흙을 고르고 땅 파기로 시작한다. 현장 컨테이너가 자리를 잡고 간이 화장실도 도착했다. 임시 전기도 연결하고 나니 이제부터 진짜 시작이구나! 하고 두근두근했다. 그도 그럴 것이 계약금 10%를 덥석 입금 후 아무리 날씨 탓이긴 하지만 뭔가 계속 딜레이되는 것 같아 공사 안 해주면 어떡하지? 하고 불안했기에 시작하는 첫날은 정말이지 기뻤다.

그날 이후부터 공사의 얼굴인 시멘트를 실은 레미콘 차들이 번호표를 일렬로 달고 들어와 타설(*건물을 지을 때 구조물의 거푸집과 같은 빈 곳에 콘크리트 따위를 부어 넣음)한다. 용어 하나하나가 낯설기만 했다. 바닥부터 80센티 높이로 콘크리트를 치고, 양생(*콘크리트가 완전히 굳을 때까지 적당한 수분을 유지하고 충격을 받거나 얼지 않도록 보호하는 일)하고, 거푸집(*콘크리트 구조물을 소정의 형태 및 치수로 만들기 위해 일시 설치하는 구조물)을 해체하고 다시 또 반복한다. 바닥이 만들어지는 과정이 신기하기만 했고 레미콘과 펌프카도 오고, 주변에 구경하는 사람들도 왔다. 덩달아 들뜬 마음이었다. 3일이 지나고 거푸집을 제거했더니 네모 반듯 아주 예쁜 두부 모양의 집 바닥이 '짜잔' 하고 얼굴을 들이밀었는데, '헐! 이게 웬걸 저 손바닥만 한 곳에 집이 올라간다고?' 보고도 믿기지 않는 조그만 자태였는데 이 부분은 많은 건축주들도 거푸집 제거한 집 바닥을 보며 느끼는 바라고 했다. 벽체를 세우고, 철근 작업을 하는 골조 공사까지 쉴 새 없이 영화 장면들처럼 자연스럽게 흘러갔다. 그렇게 공사는 맨땅부터 1층, 2층을 지나 다락 부분에 이르기까지 순조로웠다.

시작이 늦었을 뿐 모든 게 흐르듯이 지나갔고 공사하시는 분들도 큰소리 하나 없이 자기 일에 매진하는 모습에 신뢰가 갔다. 보통 매체에서 봐온 공사 작업자들은 거칠다는 이미지가 내겐 있었는데 이분들은 그렇지 않았다. 우리 집을 위해서 저렇게 모든 분이 으쌰으쌰 하는 모습을 보며 순간순간 울컥했다. '이렇게 집이 지어지는구나. 신기하다.' 공사 시작 전과 공사가 진행되는 매 순간이 신세계였다. 건축의 전문성은 없지만 부부는 매일 같이 출근 도장을 찍었다. 왠지 그래야 할 것 같았다. 건축주가 공사 일을 모르는 건 바보라고 들었었고, '돈만 맡기면 알아서 해줄 거'라는 안일한 태도는 자기 합리화일 뿐이다'라고도 들었다. 업계 20년 이상의 베테랑들 앞에서 아는 척해봐야 건축 초보 입문자들이 얼마나 알까마는 지금 짓고 있는 것은 우리 집이다. 옆집도 앞집도 아닌 내가 살 우리 가족의 집. 기존 살던 형태는 내가 결정할 게 없었다. 수도, 전기, 가스등의 배관을 단 한 번이라도 생각한 적이 당연히 없었으니깐. 그런데 지금은 맨땅이다. 모르면 공부가 의무 사항인 상황이다.

어느덧 지붕 올리기 전까지 공사가 마무리되어 상량식(*上樑式, 본래는 목조 건축과 관련된 의식이라 함. 집을 지을 때 치르는 제사의 한 종류. 보통은 건물의 기둥을 세우고 보를 얹은 후에 올리는 의식. 새로 짓는 건물에 재난이 없도록 자신과 택신에게 제사 지내고, 상량문을 써서 올려놓은 다음 모두 모여 축연을 베푼다.)까지 진행되며 전체 3분의 1 정도까지 무사하게 달려왔다. 상량식 하는 날 돼지머리는 아니지만, 북어, 떡, 과일, 술을 놓고 공사해 주신 분들,아버지, 친한 친구들과 모두 모여 앞으로의 기원을 빌며 축하하는 자리를 가졌다.

내게 '집을 지으면 10년 늙는다'는 그 건축학계 정설은 케바케(case by case)였다. '모든 일엔 예외가 따르는 법'이고 우리 가족 모두 착하게 살아서(그렇게 믿고 싶었던 마음) 이렇게 술술 잘 풀리는구나. 하하 뭔지 모를 자신감이 차올랐다. 때마침 공사 중 토지 재산세 통지서를 받았는데 "와, 여기가 우리 집이 맞긴 맞구나."를 외치며 현실을 실감케 했다. "역시 내 인생은 언제나 선방이야~!"를 소리치며 그날 밤 난 이 세상에서 가장 편안한 잠을 잤다.

5

집 짓는데 주인은 오지 말라고요?

건축 문외한 건축주였던 내가 유일하게 잘한 것은 공사 작업 사진을 주구장창 찍은 것이다. 원래도 사진 찍기를 좋아했던 나는 비록 잘 찍진 못하지만, '기록해 두면 언젠가는 쓸 곳이 있겠지' 생각했다. 핸드폰을 들고 다니면서도 찍고, 삼각대를 가져와 타임랩스로도 찍었다.

코로나 시국이었기에 시간적 여유가 더 있던 나는 현장에 자주 갔었지만 제대로 볼 줄 아는 것은 없었다. 공정별 사진을 찍고 음료수랑 빵 등의 간식을 준비했다. 그렇게 수천 장의 사진을 찍었고, 공정 기록은 매일매일 하다가 힘들어서 중도 포기했다.

중간에 몰라서 질문을 해도, 기초가 없던 나는 어려운 공사 용어들을 이해 못 했다. 그냥 그러려니 '알아서 잘해주고 있는데 방해나 말자!'라는 마음으로 동영상도 가끔 찍으면서 시공사 사장에게 "사장님, 이거 나중에 유튜브 찍어서 사장님 사업 홍보 많이 해드릴게요~ 그러니깐 더 잘 지어주셔야 해요, 아시죠?" 넉살 좋은 S 사장은 웃으면서 "유튜브? 공정 별로 잘 찍어주세요. 홍보되면 좋지요~"라시며 자신만만해했다. 어느 날 시공사 사장은 "이렇게 매번 안 오셔도 됩니다. 우리가 전문가니깐 여기다 다 맡겨요. 혜란 씨. 나중에 내부 인테리어 들어가면 그때나 오시죠."라고 말했다.

하루하루 지날수록 순조로운 상황들에 나는 '내가 너무 귀찮게 하나? 공사는 전문가들에게 마음 편하게 맡겨도 되겠어!'란 생각을 하게 되었고, 하던 대로 작업자분들 간식 셔틀과 앞으로 있을 집 인테리어에 집중하며 시간을 보냈다.

⑥

결정 장애의 왕이 될 상

인생이 선택의 연속이 맞는다면, 건축주가 되면 모든 것이 선택의 초연속이다. 내 선택들은 집짓기 할 때 몰방했었다. 특히나 내부 인테리어가 본격적으로 시작되면서 건축주의 역할이 매우 커졌다. 이제부턴 진짜 우리가 스스로 결정해야 할 것들이 천지고, 인테리어에서 집의 만족도는 확연히 달라진다 들었다. 당시, 지붕공사와 창호공사가 바삐 진행되면서 시공사 사장은 인테리어 마감재 보러 가는 일정을 말해주었다. 설레고 기대감이 컸지만, 그 전에 방마다 전기 콘센트 위치를 정하는 것부터 기가 빽겼는데 이건 결정 장애의 시초에 불과했다.

전기 콘센트 위치와 조명 들어갈 부분의 위치 체크를 하려면 우리의 가구 배치가 명확해야 하고 방마다의 쓰임이 정해져야 했다. 우리가 사용할 각방의 역할은 정했지만, 현재 살고 있는 집에서 이사 가기 전 폐기할 가구도 다 못 정했고 무엇을 살지 명확하지 않았다. 내가 보았던 수많은 인테리어 아이템이 뒤죽박죽 섞인 머릿속이었다. 어느 펜션에 놀러 갔을 때 전기 콘센트가 벽 맨 위에서 30센티 하단으로 있는 걸 봤었는데 (아마도 벽걸이 에어컨 놓을 자리 같았지만 다른 쪽에 스탠드형 에어컨이 있었다) 그때 빵 터진 기억이 나면서 우리도 신중해야겠다고 마음먹지만, 무에서 유를 창조하는 과정은 어려웠다.

또 남은 건 '두둥!' 페인트 컬러, 타일, 벽돌, 계단 나무 자재, 위생 기구, 주방 싱크대, 조명, 마감 기기, 그리고 김치냉장고, 인덕션, 식기 세척기 등의 살림 용품들까지 모든 게 선택을 기다리고 있었다. 정신을 똑바로 차려야 했다. 자잘한 물건 하나 사는데 결정 장애란 걸 평생 모르고 살던 내가 기쁨의 마음이 사라지고 나중에는 아무거나 남편이 제발 혼자 골라주기만도 바랐다. 게임 하나씩 깨는 기분으로 임했고, 이렇게 조바심 내며 급박하게 가는 게 맞는 건가 싶었다.

(1) 타일

집의 바닥을 강마루로 할지 타일로 할지 고민했던 부분은 주택에 사는 친구 집을 보고 타일로 결정해 뒀었다. 그 집에서 여름과 겨울을 경험했는데, 여름은 누우면 매우 시원하고 겨울엔 온기가 금방 올라 따뜻함이 오래 지속되어 만족하며 산다고 했다.

이전까지만 해도 집에 타일이 있었던 건 욕실과 세탁실, 주방의 상단 면적 부분이 다였고, 그 또한 아파트, 빌라는 고민할 필요 없이 주어진 대로 사는 거니깐 취향이 중요치 않았다.

타일 집에 쇼핑 탐방하러 갔던 그날! TV 속 부잣집들에 있던 반짝반짝 광택 있는 고급스러운 대리석 타일들을 비롯해 이 세상에 예쁜 타일을 보며 '이렇게나 많구나!'를 처음 알았다. 거실과 방바닥, 안방은 별도, 욕실 바닥, 벽, 세탁실 바닥, 벽, 주방, 거실 아트월, 현관 입구 바닥까지 총 1, 2층의 15군데의 곳을 선택해야 했는데 뭐 하나 안 중요한 것이 없었다. 색깔과 콘셉트에 맞게 부지런히 타일 자재상을 찾아 인천, 김포, 용인 지역으로 돌아다녔다. 보다 보니 없던 취향이 생겼고, 사이즈도 스타일에 따라 무수했지만 300×600각, 600×600각, 600×1,200각 등의 큰 사이즈 것들을 바닥에 배치하고 싶었다. 또 문양이 있는 포인트 타일로도 해보고 싶기도 했다.

생각지도 못한 크기 고민으로 고르고 나서도 몇 번씩이나 바꾸었다. 어떤 건 배송 실수로 깨져서 도착해서 다시 또 고르러 가고, 결국 골랐는데 전국에 수량이 부족한 제품을 골라 다시 골라야 했고, 너무 예뻐서 무조건 저거! 라고 점 찍은 게 타일 한 장에 6만 원이 넘는 금액이라 그것과 또 비슷한 느낌을 찾아다니는데 돌고 돌아다녔다. 나중엔 타일을 쳐다보기도 싫었다.

그렇게 열심히 골라 와서 작업하던 날 아버지는 우리가 고른 안방 타일을 보시더니 검은색 빛깔에 경악하셨고 몇 날 며칠을 빨리 당장 가서 바꾸라고 하셨다. 사람은 자고로 밝게 살아야 하는데 저렇게 어둡고 지저분하게 다 무어냐면서 끝까지 반대하셨고, 타일 시공 사장님 또한 별로라고 반대하셨다. 그때 나의 청개구리 같은 심보가 발동했다. 나는 누군가 내게 "누가 그런 식으로 하냐! 너밖에 안 그럴 거다. 보통 사람들은 그런 거 하지도 않는다!"란 뉘앙스의 말들을 들으면 꼭 오기가 생긴다. '왜? 꼭 남들 하는 것처럼 따라 해야 하지?' 본인이 사는 방도 아닌데 왜 들 그러실까?' 내가 살 안방에 까만 타일을 죽기 전에 사용해 보고 싶단 말이지 말입니다. 아버지의 말씀이 살짝 고민되었지만, 그대로 진행했고, 결국 완성된 타일을 본 아버지는 말씀하신다. "청소하기 싫어서 그걸로 했냐? 그게 뭐냐?" 집 짓고 사는 3년까지도 못마땅해하시는 아버지를 보면 이젠 웃음이 나온다.

(2) 수도꼭지에서 좌변기까지

'오우! 살면서 세면대 수도꼭지나 욕실 바닥의 유가(*배수트랩)들을 직접 고르는 날이 오다니!' 완전히 무에서 유를 만들어가는 과정들이다. 맨처음 간 곳은 전시 품목이 여럿 펼쳐져 있던 게 아니라, 소량의 물건들이 있었고, 카탈로그를 보고 주문할 수 있는 시스템 방식이었다. 양변기, 세면대, 세면대 수전, 세면대 하부장, 상부장, 욕조, 샤워기, 샤워기 슬라이드바, 욕실장, 일자 선반, 코너 선반, 화장실 수건걸이, 배수 유가, 환풍기, 청소건, 휴지걸이 등 세밀한 것까지 전체적 색감과 브랜드를 다 골라야 했는데 그 자리에서 결정하는 것은 불가능했다. 그런데 30분이 지났을까? 밖에서 기다리시는 아버지 말씀, "아직도 멀었니?"

우리 집의 1층에 욕실 2개, 세탁실 1개, 2층에 욕실 1개, 세탁실 1개 총

5곳 공간을 맡은 총괄 책임자가 된 기분이었다. 이거 내가 할 수 있을까? 잘 만들어 보고 싶었다. 만만치 않음이 스멀스멀 올라온다. 이 당시 엑셀 파일을 만들어서, 아버지 취향인 골드색상과 우리 부부의 취향인 실버 색상에 맞춰 각각을 골라내느라 그러잖아도 없는 머리카락이 더 빠질 것 같았다. 각 공간 안에서의 동선이 중요했기에 상부장과 하부장 위치를 짜는 것도 만만치 않았다. '이런 경험 언제 또 해보겠어!' 하다가도 신경질이 확 나면서 가슴이 답답했다. 왜 이렇게 시간이 촉박하지? 배치했을 때 전체적 느낌이 어떨지 전혀 감이 안 왔다.

(3) 벽돌

어릴 적 아기돼지 삼형제의 강렬한 기억일지도 모르겠다. 붉은 벽돌로 이뤄진 집은 어린 내 기억에 강렬하게 남았고, 카페 투어 취미를 가진 나는 건축물 마감재가 붉은 파벽돌로 이뤄진 인테리어 공간을 갈 때마다 다짐했다. '집을 갖고 내 공간이 생기면 저건 반드시 시도해봐야지!' 했다. 서재의 로망이 있었던 나는 집을 짓는 그 순간부터 서재의 뒷면을 레드 파벽으로 붙여서 배치하리라 마음먹었고, 붉은 파벽을 배경으로 둔 채 서재 책상에 앉아 커피 마시는 상상을 하면 온몸에 전율과 감동이 솟아났다. 그런데 주변에서 저런 건 카페도 아니고 집 내부에 하지 않는다고 하시면서, 가루가 다 떨어질 거라고 듣기도 했다. '잉? 분명 그 붉은 벽돌을 사용해서 깔끔하게 마감된 집을 두 눈으로 확인하고 물어보기까지 했었는데…', '가루 떨어진다는 것은 시공 방법에 문제가 있진 않는 것일까?' '외부뿐 아니라 내부에도 많이 사용하던데?' 그때부터 벽돌을 할 것이냐 말 것이냐 페인트로만 갈 것이냐 말 것이냐로 수도 없이 검색해서 알아봤었고 주변의 의견들에 휩쓸려 흰색 페인트 벽으로 깨끗하게 마감했다. 그러나 이사 후 계단을 타고 올라가는 몇몇 흰 벽이 금방 시꺼멓게 변해 개선이 필요했고, 벽돌로 마감했다. 역시 사람은 자기 하고 싶은 거 해야 한다.

(4) 문

우리가 매체를 통해 인테리어 정보를 접할 때 큰 도움은 역시 유튜브였다. 각양각색의 건축전문가들과 현재 집을 짓고 살고 있는 건축주들의 개인 스토리는 언제 봐도 흥미로웠다. 그중에서도 우리 부부 특히 남편이 매료되어 자주 보았던 유튜브 채널 '인테리어 SHOW'가 있었다. 이분은 미니멀하고 아름다운 대한민국 주거문화를 추구했고 현업 종사자들도 '엄지 척' 하는 건축업계에서도 유명한 유튜버였다. 우린 단 2개의 영상만 보고도 "이분 진짜 찐이다!"를 알았고 바로 구독과 알림설정을 했다. 그때만 해도 구독자 수가 그렇게 많은 편은 아닌 신생 편에 속했었는데 지금은 엄청난 구독자 수를 자랑한다. 특히 명확하고 확실한 자신감 있는 말투에 매료되었다. 업데이트가 잦지 않은 편임에도 영상 하나하나의 퀄리티는 엄청났다. 그러다 알게 된 대망의 '히든 도어'. 히든 도어 HIDDEN DOOR란? 말 그대로 '숨겨진 도어'라는 의미로 미니멀한 분위기를 낼 수 있는 최고의 방법으로 문을 둘러싼 몰딩이나 문의 테두리인

문틀이 보이지 않게 디자인한 제품이다.

"저 미니멀함은 뭐지? 근사하다~" 부부는 동시에 반한다. "저런 게 우리 집에도 가능할까? 유럽이나 최근 고급 아파트들에도 한 거 봤었어! 벽과 일체형의 문!"

이왕 하는 거 하고 싶은 걸 하고 싶었다. 지금 아니면 못 할 거라는 간절함이 갑자기 생긴 것이다. 그 이후론 그것밖에 안 보이더라. 사실 나는 이전까지만 해도 문 설치에 대해 낭만과 로망에 젖어 있었다. 일반 방문을 제외하고 중문, 세탁실, 다락방의 콘셉트를 다르게 하고 싶었다. 어디서 본 건 있어서 나의 인테리어 폴더에 깨알같이 모아뒀었다. 다락방 같은 경우 반 창문을 넣어서 보일 듯 말 듯 비밀스럽게 만들고 싶었고, 세탁실은 미닫이 문 스타일을 희망했다. 전에 살던 집의 세탁실들은 아주 협소했다. 세제를 두는 선반이라든지 빨래 바구니, 빨랫대 공간 확보가 안 되어서 그 공간에 가는 게 불편하고 싫었다.

그래서 넓고 쾌적한 새하얀 공간의 세탁실을 바라왔던 거다. 상상에 젖은 나는 세탁실을 빨래방처럼 빨래 돌리면서 커피 마시면 근사하겠다고 생각했다. 그런데 '히든 도어'를 보자마자 단박에 반했고, 우리 집에 무조건 어울릴 거라고 주장했다. 문 공사가 시작되기 전, 도어 업체 사장님과 미팅이 있던 날, 히든 도어 취급도 하는지 여쭤봤다. (그 당시의 정보로는 상용화되진 않은 상태여서 혹시나 하는 맘이었다) 결론은 가능. 본인도 최근 들어 도입하기 시작했다면서, 깔끔함의 대명사라 해줬다. '나이스~!' 이를 시공사 S 사장과 목수 반장님께 상의하니, 할 순 있지만 문의 하중을 받는 경첩을 지지하는 프레임이 변형되거나 마감 방식이 아주 제한적이고 시공에 시간과 비용이 2배 소요, 가격도 2배 이상 소요됨을 강조하셨다. 알아보니 일반 문에 비해 가격이 2.5배가 비쌌다. 비싸긴 했지만 지금 아니면 새로운 시도를 못 할 것 같다는 강력한 생각 지배로 결국 수락되었다.

'아 역시 사람은 알고 배워야 하는구나!' 몰랐을 땐 내가 아는 정보가 전부지만, 공부하면 몰랐던 세계가 열린다. 사람이 죽을 때까지 배워야 하는 이유다. 목공 팀 작업이 시작되면서 도어 업체 직원들이 와서 1, 2층 현관문을 설치했다. 이젠 우리에게 문이 생긴 거다. 공사하면서 창문도 생기고 현관문까지 생기니 이제야 집다운 안락감이 돌았다. 시간이 더 흘러 이젠 히든 도어 제작 완성되기만을 기다리던 날, 중간 확인 차 업체 사장님과 통화를 했을 땐 아직 제작 중이라 했다.

며칠을 더 기다렸는데 급기야 통화연결이 안 되었다. 이상한 촉이 싸하게 들었고 사무실 직원들에게 확인하니 그들 왈 "히든 도어요? 사장님이 직접 진행하신 거라 우린 내용을 전혀 모릅니다. 지금 사우디 출장 중이어서 저희도 통화가 어렵네요. 좀 기다려 봐야 할 듯싶은데요?"라는 대답이 돌아왔다. 직원들이 모른다니? 그럴 수가 있나? 기가 막혔다. 우린 며칠을 더 기다렸다가 회피임이 명확해지자 '아, 이분은 진행 생각이 전혀 없구나!'를 깨달았다. 불쾌했다. 시공사 사장님도 함께 난감해했다. 결론은 뭐 어떤 다른 사업을 시작하게 되어 계속 해외에만 있다고까지 들었는데, 한 달이 지난 시간에도 모르겠다는 답변이 왔다. "안 되면 안 된다, 싫으면 싫다"라고 하면 될 것이지 왜 대답을 빙빙 돌렸을까? 시간이 지나고 문을 볼 때마다 잊을 만하면 그 두문불출 숨어버린 사장님이 생각난다. 그를 반면교사 해보며 나 또한 의사의 정확함과 마무리 작업에 대해 잘 해야겠다고 또 다짐하게 된다.

그런데 우리가 하려던 히든 도어가 이 집에 의미가 없었음을 깨달은 반전이 있었다. 우리 집 구조는 집에 중문을 열자마자, 바로 거실 전면이 보이고 방이란 방들은 전부 왼쪽 복도 쪽으로 들어가야만 존재한다. 복도형식이라, 복도 방면으로 보면 방 자체가 애당초 보이질 않는다. 화장실은 히든 도어로 할 수 없는 구조이기에, 결국 굳이 안 해도 되었던 거다. 히든 도어는 약간 보이는 곳에 있었을 때 그 깔끔함을 명확히 보기 위함인데 우리 스타일에 맞지 않은 걸 굳이 이쁘다는 거 하나만 믿고 고민했음을 알았다. 선무당이 사람 잡은 격이 아닐 수 없다.

이렇게 온 마음을 다해 초 재기하는 기분으로 진행했던 인테리어.
휘몰아치듯이 한 결정과 선택 장애의 연속성을 겪으면서 나는 **4가지를 배웠다.**

① 결국엔 내가 살고 우리가 사는 집이다. 전문가의 실무 피드백은 초보 건축주 입장에서 무조건적으로 필요하다. 그런데 그게 기술적인 문제가 아니고 감각과 취향의 문제라면 본인 만족이 우선이라고 생각한다. 아니 어찌 보면 인생에서도 그런 거 같다. 상대방 의견을 무조건적

인 수용이 아니라, 내 마음을 믿고 의문점을 가져보기도 하고, 나만의 방식대로 추진할 수 있는 태도가 필요함이 말이다. 남들이 한다고 해서 나도 같이 꼭 할 필요도 없다. 내 마음과 안정의 강 같은 평화가 1등이다.

② 알았다. 이런 건 설계 때 이미 반영되었어야 했단 걸. 아니면 땅 파기 전에, 아니면 이미 집짓기 전부터, 그래야만 시공사 사장 또는 소장과 무리 없이 진행할 수 있다는 걸. 뭐든 급하면 탈이 나는 법이다. 설령 충동으로 더 예쁜 걸 발견해서 플랜 B로 갈아탄다 해도 정확한 기준 플랜A는 확실히 필요했다. 집은 그랬다.

③ 집을 짓다 보니 부부는 많은 부분에서 서로 몰랐던 취향도 알게 되었고 결정하는 부분에 언성 높이는 일도 잦아졌다. 웬만한 건 서로 양보했지만 본인이 추구하는 부분에서는 서로 우기기도 했다. 이때 우린 결혼 4년 만에 가장 많은 부부싸움을 했다, 하지만 돌아보니 꼭 필요한 과정이었다. 서로의 취향을 알아야 했다. 함께 겪어내니 뿌듯함은 이루 말할 수가 없었다. 시간에 쫓겨 가며 고군분투했던 결실은 결코 우릴 배반하지 않았다.

④ 본인의 취향이 확고한 건 매우 중요하다. 그렇지만 사람 맘이 늘 한결같을 순 없고 우리 부부 또한 변심도 많았다. 마치 이번 집짓기가 인생에 마지막인 것처럼 예쁜 것만 찾았다. 그러나 결국엔 전체를 보고

조화로움을 생각해야 하는 것의 중요성을 배웠다. 보기에 멋지고 갖고 싶지만 정작 나한텐 맞지 않는 걸 억지로 무리하며 끼워가는 것의 끝은 웃픈 현실만 남을 뿐이다. 그것 자체로도 소중하지만 말이다. 안 해서 다행이다. 헛돈 쓸 뻔했다. 또.

　결론은, 제 아무리 설계가 뛰어나고 건축시공이 완벽하게 잘되었더라도 집안에 들어가자마자의 전체 인테리어 느낌은 무시할 수 없는 요소이다. 지금 집의 모습은 여러 아이디어와 도움을 얻어 완성되었다. 먼저 내가 예쁜 인테리어 취합해 둔 귀한 기록들도 도움이 되었고 이를 잘 캐치해준 건축사께서 인테리어 전문가처럼 많은 부분에 도움을 주셨다. 또 지인분이 나의 영감과 정리되지 않은 여러 아이디어를 실현할 수 있게끔 알려주셔서 지금의 집 모습도 할 수 있다고 자부한다. 또 감각적인 주변 친구들의 사는 모습에서도 도움을 받았다. 감사한 맘이 실로 크다. 그렇게 용기를 얻어 안 해본 것들을 열심히 시도했지만 추후엔 전체 밸런스 하나하나를 생각하면서 고르는 게 힘에 부쳤다. 결코 만만한 작업이 아니다. 다음번 집을 짓는다면 난 무조건 디자인적인 부분을 인테리어 전문가와 함께할 것이다. 돈을 쓸 땐 써야 한다는 주의다. 내가 미처 못 본 것을 끄집어내 주는 이가 끝까지 함께 갔다면 더 수월했을 것이다.

⑦

하마터면 이케아와 절교할 뻔!

"결혼을 다시 했으면 했지, 주방 인테리어는 절대 안 해!" 이 사태를 벗어나고 싶었다. 롸잇나우! 사실 이케아 코리아(IKEA)는 스타벅스 카페 다음으로 나의 최애 공간이었다. 스웨덴의 가구 제조 기업으로 소비자가 자신이 구매한 제품을 직접 가져가서 조립하도록 하여 가격 절감을 했고, 가구와 살림의 모든 카테고리를 취급한다고 해도 과언이 아닌 곳이다. 뭐니 뭐니 해도 이케아 쇼룸 인테리어는 단연 으뜸이라 생각한다. 누가 그랬다. 이케아 쇼룸처럼만 살면 없던 가정의 화목도 저절로 생길 거라고. 충분히 공감하는 바다. 아기자기함과 센스가 돋보이는 연출력으로 갈 때마다 사진 100장씩은 기본으로 찍었었고 영감을 얻어 꼭 집에 오면 똑같이 따라 했지만, 그 느낌이 나질 않았다. 이케아 직원이 되고 싶기도 했었다. 게다가 밥까지 맛있는 가성비 끝판왕 이케아 레스토랑은 집안 살림살이를 산다는 핑계와 더불어 약속 장소로도 즐겨 찾았다.

그렇게 가면 시그니처 필수템인 비닐 지퍼백 포함 뭐 하나라도 빈손으로 돌아간 적이 없었다. 그 정도로 이케아 예찬자에 속했던 '나'. 그런 내가 본격적으로 집을 지으면서 하루가 멀다고 찾은 인테리어 업체는 단연 '이케아'였다. 자취생활을 오래 했던 남편도 솔로 시절부터 이케아를 즐겨 갔기에 우린 더욱 짝짜꿍이 맞았다. 어느 날 나는 이케아에 그렇게 갔어도 눈치 채지 못했던 홈 스타일링을 센스 넘치는 한 건축주 집에서 발견했다.

그 이름도 멋있는 스테인리스 싱크대 하부장. '와~이걸 싱크대에 적용한다고? 물 많이 튈 텐데 괜찮을까?' 스테인리스에 짙은 회색 상판으로 고급스럽게 연출한 모습은 내게 충격적이었다. 핀터레스트(*패션, 뷰티, 인테리어 등 다양한 영감을 얻을 수 있는 플랫폼) 사이트에서나 볼 법한 느낌이었다. 어디서 이런 걸 구매해야 할지 감도 못 잡는 내게 건축주가 팁을 주었다. "이거 이케아에서 한 거예요." 순간 귀를 의심했다. "네? 이케아요? 저 이케아 자주 가는데. 한 번도 못 봤어요, 이런 건." 역시 아는 사람만 보이는 걸까? 이케아가 수납력 빵빵하다는 걸 알았지만 주방가구를 이케아로 할 생각은 못 했기에 자세히 본 적은 없었다. 그런데 내부 수납력이 듣던 대로였다. 쇼룸에서만 보던 것을 실사판으로 보니 확신이 들었다. 원래 주방은 원목과 화이트 조합으로 90% 이상 확정이었는데 난생처음 본 예쁨에 도전 욕구가 뿜뿜 올랐다. 난 오늘부로 결정했다. 주방은 이케아 스테인리스로!

그런데 어떻게 주문하는 거지? 단품만 구매할 줄 알았지. 뭔가 세트를 구매하는 건 방법이 있는 것 같았다. 이케아 시스템의 전반적인 프로세스는 돈만 낸다고 다 알아서 해주는 시스템이 아니다. 일단, 우리 집 주방 크기를 정확하게 측정하고, 온라인에서 주방 플래닝 무료 서비스를 신청할 수 있다. 예약된 날짜에 매장에서 직원의 디테일한 설명을 들을 수가 있다. 나 같은 경우는 '기계치'고 전문가에게 받는 게 더 좋았기에 그랬지만, 일반적으로는 '온라인 플래닝'이란 주방 전용 캐드로 크기만 정확히 알면 직접 본인이 원하는 스타일을 설계할 수 있다. 나는 내가 못 하는 거에 시간 쓰는 걸 싫어하기에 안 했지만, 남편은 이렇게 저렇게 열의를 보여 가며 즐겁게 시도했다. 추후 12만 원 비용이 발생하는 오프라인 실측 서비스는 직원과 예약 날짜를 잡고 진행된다. 그 12만 원은 주방 설치가 완료되면 도로 기프트 카드로 환불돼서, 이케아 제품을 살 수 있다. 실측 후 다음 날 완성된 PDF 파일을 메일로 받고, 출력본을 갖고 매장에 가서 구매 완료를 한다. 자재 배송 후 시공팀이 시공을 해주거나 셀프 인테리어도 많이들 한다. 우리는 작업자 네 분이 오셔서 하루 종일 진행했었다.

자, 차분히 생각해 보자. 우리는 1층과 2층 각각의 주방을 만들어야 했고, 싱크대와 아일랜드 테이블 디자인을 결정해야 했다. 냉장고, 식기세척기, 전자레인지, 인덕션 등의 크기와 위치도 어디로 할지 정해야 했고 각 부분의 수납 위치와 방법, 문, 손잡이, 싱크대에 들어가는 상세 부품들, 서랍 레일에 들어가는 디테일한 액세서리들도 골라야 했다. 우린 싱크대 상판과 싱크 볼, 수전은 타사에서 별도로 구매를 했기에 이것도 체크리스트에 추가했다. 폭까지 일일이 정해야 한다니 이미 넋이 나갔다. 두 집 살림의 전반을 체크해야 했고, 집 공사도 빠듯했는데, 이건 뭐 또 하나의 집을 짓는 기분이었다. 여유롭게 고르지 못하고, 시간의 압박에 쫓겼다. 갈 길이 멀게 느껴졌다.

결정적으로 당시 코로나 밀접 접촉자가 되어 14일간 발이 묶여 답답함의 끝을 달렸고, 나중엔 극도의 스트레스를 받았다. 그냥 예쁜 이케아고 뭐고 다 집어치우고 일반 사제 회사에서 한방에 하자고 남편에게 생떼를 부렸다. 말이 좋아 생떼이지 그때의 나는 지칠 대로 지쳐서 온갖 짜증과 화가 난무했다. 연기처럼 사라질 수만 있다면 빌다가도 '안 돼. 도망 못 가! 마무리는 해야지!' 도망가고 싶은 내 본연의 성격이 또 들이밀었다. 그리고 이케아 3D 플래닝으로 집에서 열심히 가구 배치했던 도면은 집 계단 폭이 바뀌면서 말짱 도루묵이 되어 버렸다. 공사의 변수를 무시한 상황이었다. 또 한 번 이케아 직원이 다녀가고 재실측을 했다. 회사를 병행하며 매 순간의 선택들은 숨 막힐 정도로 피곤했고 마인드 컨트롤과 체력 보강은 수시로 필요했다. 그러나 결국에 완성된 이케아 주방의 만족도는 90% 이상이었다. 비록 스테인리스 물 얼룩 처리는 매번 해줘야 하지만, 이렇게 또 하나를 배웠다. '진정으로 원하는 걸 갖기 위해선 순간에 힘든 마음을 끝까지 버텨야 한다. 그 끝에는 반드시 결실이 있다.' 그래도 다시 하고 싶지는 않다. 남편을 시킬 예정이다.

지금 당신이 유독 그렇게 힘든 이유는,

그 과정의 끝에 있는 보상이 말도 안 될 정도로 크기 때문이다.

보상이 그 정도는 되어야 인생이 바뀐다.

보상이 그저 그런 소위 '적당한 것들'은

그 과정 역시 '적당한 수준'으로 힘들다. 세상에 공짜는 없다.

— 하와이 대저택, 『더 마인드 THE MIND』

글을 쓰면서 남편과 이케아 설치 당시를 더듬으며 말했다. 그때 본인은 하나도 안 힘들었다고 했다. 그리고 한마디 했다.

"그때 자기가 너무 빨리 불렀어. 공사 마감 좀 더 하고 불렀어야 했는데."

"응? 그럼 왜 안 말렸어."

"말렸지. 말렸는데 굳이 지금 꼭 해야 한다면서 진행하더라~"

'….'

나의 급한 성격이 부른 대참사였다. 하마터면 이케아와 절교할 뻔했다.

"내가 많이 잘못했네…."

이케아 주방 팁 Tip

1 이케아는 주문 제작이 아니다. 인테리어의 A부터 Z까지 모든 것을 내가 다 골라서 우리 집 크기에 맞게 접목해서 꾸며볼 수 있다. 온라인에서 공간 플래닝 서비스를 이용해 보면 인테리어 감각도 생길 수 있다. 없던 영감도 만들어주는 3D 가상 설계!

  단, 결정 장애로 힘든 분은 전문가와 깊게 상의하세요.

2 이케아 시스템은 플래닝에서부터 실측, 구매, 배송, 설치까지 착착 되어 있어서 차분히 순서대로만 하면 된다. 단, '기한을 여유롭게 주세요.'

3 종류별 수납공간은 단연 1등! 수납이 절실하고 주방을 깔끔하게 쓰고 싶다면 꼭 한번 시도해 보시라고 추천하고 싶다.

4 설치할 곳의 최종 크기가(철거 진행, 공정 변경 등) 확정되면 그때가 베스트 설치 진행 시점이다.

스벽 출근하다 집으로 출근합니다

시공사의 가랑비 같은 조짐

(1) 맨땅에 집 생긴 거 실화

맨땅이 집이 되던 그날이다. 드디어 결혼식 하던 날보다 더 많이 긴장되었던 이삿날이었다. 구질구질한 예전 짐은 모조리 버린다고 아침부터 당근 앱 중고 물품 거래에서 여러 사람이 다녀갔고, 전셋집 마무리에, 은행 처리에, 시공사 대금 처리에, 이삿짐센터와 짐 정리하느라 정신없는 하루였다. 이삿짐센터 직원분들과 같이 짐 정리를 하는데 "좋은 집으로 이사하셨네요. 고생 많이 했겠어요. 아이고~"라며 말해주셨다. 조금 전 집 빌라와 이사 온 주택의 갭 차이가 분명 있었던 거다. 그냥 하시는 말이겠지만 말씀만으로도 마음의 위안을 받아서 감사했다. 이사는 순조로 웠지만 포장 이사라 해도 정리할 범위가 넓어서 두 달은 정리할 생각에 아찔했다. 짐을 정리할 때 늘 드는 생각은 '미니멀 라이프로 살아야지!'지만 그때뿐이었다. 이번 집은 물건 수납 칸도 미리 신중하게 체크했고 정말 깔끔하게 지내보자고 다짐했다.

아버지와 이사 날짜가 다른 우린 그날 저녁에 와인과 족발을 시켜 먹었다. 그래도 여기까지 온 게 기적적이라며 무에서 유를 창조할 수 있었던 건 서로가 있기에 가능했다면서 자축했다. 아무것도 없던 그야말로 황무지 땅이었던 이곳에 건물과 공간이 생겨 집은 집대로 마당은 마당대로 주차장 자리까지 만들어지다니! 지금도 마법을 부린 것처럼 놀랍기만 하다. '여기가 진짜 우리 집이라고?' 집 건물 바닥 면적은 '30평'임에도 집이 철골 콘크리트 구조여서 그런지 밖에서 보면 실 평수에 비해 크게 느껴지는 우리 집. 예산은 생각보다 초과했지만, 그럼에도 잘 지어졌다고 여기며 '앞으로 더 예쁘게 우리만의 공간으로 가꾸자'란 맘이 들었다. 아직은 기분이 얼떨떨하여 족발을 먹고 있는 지금 어디 펜션에 놀러 와 먹는 느낌이 들었다. 우리 집이 아닌 낯선 느낌. 작은 집에서 살 때도 정리 정돈이 서툰 나였는데 이 집을 내가 감당할 수 있을까? 마당까지? 나처럼 게으르고 일 미루기 대마왕인 사람이? '해야지 그래도 해야지, 해보자! 안 해봤잖아~이렇게 안 살아봤잖아~ 어찌 장담해? 해보지도 않고? 할 수 있다. 배우자! 배워나가자!' 남은 일은 많았지만 그래도 이사는 무사히 할 수 있었으니 힘들었던 상황들은 눈 녹듯이 녹고 있었다.

단독주택에서 눈뜨는 아침은 어떨까? 전날 좀 피곤하다고 여겼는데도 설렘 때문인지 새벽 6시에 깼다. 고요한 집 안 구석구석을 둘러보며 가족들과 이민을 가서 지내는 어릴 적 죽마고우와 통화했다. 그녀와 현재 기분을 나누고 싶었다. 그간의 과정들, 더 거슬러 우리의 어린 시절, 아득하면서도 생생하기만 한 그때와 지금의 변화를 말하며 눈시울이 붉어졌고 앞으로 각자 삶에 관해 이야기했다. 마흔하고도 한 달이 채 지나지 않은 시점. 지금부터는 또 이곳에서 어떤 세계가 펼쳐질지 궁금했다. 그런데 이사 전 시공사 사장에게 미리 주었던 잔금 일부가 사달이 나면서 새로운 국면에 접어들었다.

(2) 교통사고당한 기분

이삿짐을 싣고 주택 집에 도착한 그날, 시공사 사장이 창문 밖으로 빼꼼히 얼굴을 내밀고 손 흔들며 반갑게 우릴 맞았다. 마치 "내가 다 준비했으니~ 어서 오시오."라는 느낌의 표정을 하며. S 사장은 알면 알수록 독특했다. 이사 전까지 사장의 공사 진행 방식을 보면 앞뒤 두서없음이 많았다. 다음 일정들에 대한 시간 분배를 하지 않아 하지 않아도 될 일에 많은 에너지를 낭비했다. 돈은 돈대로 정리되지 않아 보였다. 작은 해프닝들이 있었지만 비일비재해서 그냥 그러려니 하고 지나간 부분이 있었고 또 그사이 예전 업체들에 미수금 처리해 달라는 독촉 전화도 계속 받고 있었다. 저렇게 살면 얼마나 불안하고 불안정할까? 사업을 하면 돈이 있다가도 없다고들 하지만 저렇게 쫓기면서 공사를 계속하고 여기에 집중이 되긴 하는 걸까? 덩달아 건축주인 우리도 불안했고 속히 마무리 짓고 싶었다.

그런데도 그는 뭐랄까 미운데 능청스럽게 넘어가고 착하고 여린 구석도 많았다. 난 그를 보면 복잡다단한 맘이 들었다. 그 누구에게도 말 못 했지만 그를 보면 뭔가 나를 보는 느낌도 들었다. 이 죽일 놈의 공감 능력이 쓸데없이 발휘되는 순간이었다. 일의 전체를 못 보고 부분만 잘하는 느낌? 기초공사 하나는 기차게 하는 것 같은데 전체를 보는 눈이 부족한 점이랄까? 내가 아직도 일할 때 늘 자책하고 고민되는 부분인데 이분은 전체를 조망해야 할 리더로 사업을 하는 사장님이라는 게 신기했다.

그래도 모든 것에는 양면성이 존재한다. 사장은 집의 기초를 잘 알았고, 업체들에 돈은 제때에 지급하지 못했지만, 업체들은 연락하면 늘 바로 와줬다. 각 업체 반장님이 그를 도와주고 싶어 하는 게 느껴졌다. 그보다 나이와 경력이 더 있으셔서 "젊은 사람이 잘해보려 하는 거니깐 도와주고 싶다."라고 종종 하는 말을 들었다. 사장이 평소에 언성 높이는 일 없이 상대를 존중해 주는 말의 태도가 플러스 요인일까도 생각해 봤다. 업체와 돈 문제가 있었어도 우리 부부는 마지막까지 우릴 위해 열심히 해주는 사장이 진심으로 고마웠는데 이는 너무 빨리 샴페인을 터뜨린 나의 무지였고 실수였다.

밖에는 계속 공사가 진행 중이었고 쭈뼛쭈뼛 거리며 다가온 S 사장. 함께 밥을 먹으며 어렵게 말을 꺼낸다. "정말 미안한데, 잔금 일부를 먼저 받을 수 있을까요? 자금이 없어서 다음 진행이 어렵게 되었어요. 담장도 해야 하고 마당 데크랑 돈이 부족해서 자재를 못 시키고 있어요." 그의 주특기인 특유의 미안해함과 한 번만 이해해달라는 뉘앙스의 태도로 난 망설여졌다.

바보같이 난 물었다. "얼마나요?" 미수금 독촉 전화가 빗발치는 그를 알았지만 그래도 집 마감은 해야 한다는 생각이 컸다. "2천만 원만 우선 주면 나머지는 자금 여유가 생기니 괜찮을 것 같아요!" 회사에 있는 남편과 통화하니 당연히 주지 말라고 하였고 나는 "그럼 공사는 어떻게 해? 마무리는 지어야 하잖아. 그 2천만 원을 어떻게 사용할 건지 각각 적게하고 도장 찍고 미리 주자."라고 했다. 남편은 영 찝찝하단 듯이 말하면서 "그럼 천만 원만 줘~"라고 했다. 그러나 바보 같은 나는 홀린 듯이 2천만 원을 바로 입금해 줬다. 우리 집 일에 사용한다고 했고 출처까지 적었으니 괜찮지 않겠느냐는 생각으로.

그 후 며칠이 흘렀는데 공사 진행이 안 되었고 자재들도 안 들어왔다. 그러다 한 업체와 통화하다 알게 된 사실. 빚 독촉에 엄청나게 시달린 시공사 사장은 우리에게 받은 2천만 원으로 본인 빚을 우선적으로 틀어막았다고 했다. 삼자대면으로 확인 사살하는 자리를 빌렸고 그는 이실직고하며 사죄했다.

"정말 미안해요. 좀 있으면 돈 들어와요. 그걸로 집 마무리 다 지을 수 있어요~" 그가 구질구질했다. 아. 그는 마치 그냥 말 안 듣고 철딱서니 없는 아이 그 자체였다. 거짓말을 일삼고 여기저기 민폐 끼치며 모면하는 사람. 자기보다도 어린 나에게 여태껏 그럼에도 잘해왔는데 이렇게밖에 처신할 수 없음이 답답했다. 그리고 지금, 이 세상에서 가장 답답한

건 바로 나였다. '이 지지리 못난이야!'

전조를 눈치챘건만 설마하니 우리에게는 이럴 줄 몰랐던 순진한 바보 그 자체였음을. 왜 이렇게 강단이 없을까 나는. 스스로가 한스러웠다. 그 사이에 우린 사장에게 돈 못 받았던 업체들에서 전화도 여럿 받았고 직접 찾아와서 우리 보고 돈을 달라기도 했다. '이런 상황이 정말로 생기는 구나!' 그가 벌여놓은 상황을 우리가 전체 통으로 맡을 수도 있겠다는 불안감이 엄습해 와서 당장 사장에게 각서 내용과 확인증을 받았다. 우리는 ○○○○에게 '공사비 전체'를 완납한 상태로 현재 ○○○○이 우리에게 마무리 공사만 해주는 상황임을 명확하게 명시했다. 벗기면 벗길수록 그가 빚을 진 곳은 많았고 처음엔 열정을 다해 달려들다가 막판에 흐지부지 한 사람이란 걸 시간이 흐를수록 확신하게 되었다. 그는 미안하다며 어떻게든 마무리(집 하자 보수 포함)는 다 짓겠다는 각서를 썼고, 그날부터 잡다한 일의 모든 서포트를 하기 시작했다. 그 휴지 조각 각서의 위력은 없었지만, 그는 매일 출근했다.

그리고 어느 날 갑자기 잡철 등 쓰레기를 용달에 싣고 홀연히 사라졌다. 뒷모습이 아직도 생생하다. 마지막 외부 데크에서 점심으로 쌈밥을 먹던 모습까지도.

시간이 지나고 나니, 마지막 날 그가 내 눈을 피했던 게 생각이 났다. 외부의 공사는 마무리 단계였지만, 이미 건축비 초과인 상태였다. 마이너스에 접어든 상태였고 중간에 세금 등 정산 안 한 돈도 남아 있었다. 또 미흡한 공사 처리 마무리가 필요했는데 모든 게 중단되었다. 벽돌 업체, 창문 업체, 네트워크 업체, 추후 벌어질 하자 보수들을 고스란히 우리 몫으로 남긴 채.

그렇게 그날이 마지막이 될 줄이야. 9개월간 매일 같이 연락하던 사람은 떠나갔다. 마치 잠깐 왔다 간 사람처럼 그렇게.

3장

집 짓고 나서 찾아온 번 아웃

$$\textcircled{1}$$

번 아웃 첫 번째
편안한 집 찾아 삼만 리 네버 엔딩 공사

집을 지었다는 자체가 우리에겐 큰 경험이었고 용기였다. 이런 어마어마한 일을 해냈으니 '앞으로 못할 게 있을까?'란 마음이었는데, 짓고 나니 또다시 시작된 이야기들이 있다. 개인적인 이 경험이 사소하지만, 누군가에게는 작은 도움이 되기를 바라면서 메모했다. 언제나 모든 건 실전이 중요하다. 막상 이사를 하고 집에 들어와 살아보니, 여기저기 손볼 곳이 많았다. 집은 처음 지어보기에 우린 부족했고 생각지 못했던 변수들이 속속들이 생겼다. 그러나 이런 부수적인 공사는 많은 집에서 이뤄진다고 했다. 문제는 상황을 발견했을 때 판단이 빠르게 서서 손을 대는 것이 추후 두고두고 후회도 덜 하고 하루라도 돈을 빨리 아끼는 방법!

먼저, 좁은 공간 지날 때 흰색 페인트로 발라둔 게 금세 때가 탔다. 벽이 팔에 쓸려 까매진 것이다. 타일로 변경이 시급했다. 거실에서 다락으로 올라가는 계단 사이가 그랬고 또 1층 현관에서 2층 올라가는 계단 벽이 그랬다. 또 세탁실에 벽면 타일 붙이기도 바닥에서 1미터까지만 했는데 사용하다 보니 그 위 페인트 마감이 마찬가지로 금방 때가 탔다. 물을 많이 쓰는 곳이기에 더 신경 써야 했다. 가끔 이런 일이 생기면 '왜 업체들은 맨날 시공하는데 이런 정도의 부분을 언급해주지 않았을까? 타일도 그렇게 많이 남았는데 좀만 더 붙여주시지.' 하는 아쉬움(반품 못한 자재들이 버젓이 밖에 놓여 있었다)이 있었지만, 건축주의 몫이고 몰랐던 내가 미리 알아야 했을 뿐이다. 그래서 체크한 부분을 타일로 전체 탈바꿈했다.

다음은 1층 아버지 집은 이사 일정이 2달 가까이 남았는데 원래는 방바닥을 강마루 시공으로 하였다. 그런데 작업자의 잘못인지, 시공 후 바닥 온도 맞추면서 그런지 모르겠으나 들뜨는 곳이 많았고 지저분했다. 우리가 체크한 곳만 해도 스무 군데가 넘어 재수리를 해야 하는데 정말이지 맘에 들지 않았다. 이미 깨져버린 신뢰로 이 마루를 전체 뜯고 싶을 뿐이었다. '한 번에 잘했으면 이렇게 맘 바뀌는 일도 없었을 텐데 정도껏이어야지.' 결국 업체와 이야기해서 다 뜯어버리고 타일로 변경했다.

빈 집 공사와 짐이 전부 차있는 집의 재공사는 차원이 다르다. 엄청난 심적 압박과 신체적 스트레스를 동반한다. 또 다락 올라가는 나무계단 같은 경우 우리가 일반적으로 아는 계단 떨어지는 모양이 아니라 미끄럼틀처럼 일자로 마감이 되었다. 목수 반장님이 이 부분에 대해 전화로 미리 연락을 주셨는데 전화 너머로 듣기에 "(중략)~ 계단을 이렇게 해도 되겠냐?" '계단이 계단이지 뭐 어떤 모양? 내가 아는 계단 모양은 단 한 개뿐인데?' 뭘 말씀하시는지 제대로 이해도 안 한 채 "그냥 알아서 해 주세요"라고 했다. 사실 그때 코로나 격리 14일 동안에 받은 연락이었는데 추후 이사하고 나서 다시 보니 이건 아니다 싶긴 했지만, 내가 결정한 부분이라 미워 보여도 말도 못하고 있었다. 무에서 유를 만들긴 쉬워도, 유에서 다시 무로 가는 과정으로 해달라는 게 미안해서 우리가 안고 가려 했던 거다. 결국 그것도 재수정을 했다. 외부는 외부대로 담장 큐블럭, 미장 스톤, 돌 데크, 나무 데크, 창고, 잔디에 이르기까지 계속해서 진행되었다. 시간이 걷잡을 수 없이 빠르게 흘러갔는데 그 안의 하루하루 상황은 느릿느릿했다.

요새는 아파트 분양 입주 전에도 사전점검 체크가 중요하다. 아파트 분양을 해도 그렇고 미리 하자 체크는 꼭 하고 들어가니 나처럼 할 말 못 하고 괜히 쭈뼛거린다고 누가 알아주는 것도 아니었다. 내가 필요하고 원하는 부분들을 정확하게 해주는 게 서로를 위해서도 좋은 것. 그러려면 미리 미리가 답이다. 나중에 열정과 시간과 체력, 돈 그 모든 게 떨어져 흐지부지되는 경우가 생길 걸 대비해 평소에 확실한 스타일을 갖고 있어야 시간 낭비와 돈 낭비를 아낄 수 있다. 계속해서 공사가 진행되고 쓸고 닦고를 반복하니 진이 빠졌다. 언제 끝나는 걸까? 예쁜 집 만드는 일이지만 많이 힘들었다. 결국 입주 청소 두 번하고 안정감을 찾았다.

스벅 출근하다 집으로 출근합니다

②

번 아웃 두 번째
집 짓지 않았으면 몰랐을 이 남자 비밀

우리 부부는 아이가 없다. 주변에서는 내가 당연히 딩크족인 줄 아는 지인들이 많았었다. 이사 온 시점은 이제 막 결혼 4년 차에 접어든 시점이었고 둘 다 이른 나이에 만난 것은 아니었음에도 우린 처음부터 아이를 갈망하기보다 둘의 시간을 더욱 즐기고 싶은 마음이 컸다. 주변에선 으레 통과의례처럼 "아이는 언제? 부부가 되었으니, 아기는 낳아야지." 란 걱정 어린 말씀들을 많이도 해주었지만, 우린 급할 것이 없다고 생각했고, 결혼도 예기치 않게 했기에 아이도 그렇게 자연스럽게 와 줄 거라 믿었다. 만약 자연스럽게 와주지 않는다면 그건 그거 나름의 삶일 거로 생각하면서 4년 차를 맞이했다.

그러다 절친이 사는 미국 여행을 갔는데 친구의 아들과 딸의 애교를 보고 남편이 처음으로 아이들과 너무도 잘 놀아주는 신기한 광경을 목격

했다. 돌아오는 날 남편이 "우리도 저런 애들이 있음 행복하겠다."란 말을 꺼내서 적잖이 놀랐고, 사실 나도 친구의 아이들 같은 애들만 낳을 수 있다면 10명도 더 낳을 수 있겠단 맘이 들었다.

그 후 본격적으로 집을 짓기 시작하면서 부부는 어느 날 갑자기 일심동체가 되어 "마당에서 맘껏 뛰어다니는 아이가 있음 얼마나 귀여울까? 아이를 위한 요리도 하고 같이 서재에 가서 책도 보고, 영화도 보고, 우리처럼 밝은 아이를 만나는 것도 의미 있는 삶일 거야.", "아이를 키우게 되면 우리 또한 얼마나 성장할까?" 집을 짓게 되면서 참 자연스럽게 흘러간 생각의 변화들이었다. "집 공사가 완료되면 바로 돌입해 보자!" 그렇게 부부는 설렘의 마음을 먹는다. 그러다 이사 후에도 추가 공사 기간이 길어지고, 시공사의 말썽과 연락 두절, 마무리 안 된 일들 처리에 대한 애먹음, 정당히 AS 받아야 할 업체에서조차 외면, 결국 우리가 직접 해결 등으로 집을 모두 완성하기까지 1년 2개월가량을 집에 매달렸다.

그중 업체 인부들이 오전 6시 반에서 7시에 도착해서 일을 시작했다. 우린 아침엔 커피부터 준비해 드리고, 집에는 온통 여기저기 비닐 씌어 있고, 먼지도 여기저기, 집에 짐이 다 들어온 상태에서 장장 1달 반 동안 했던 일들이 점점 힘에 부쳤다. 예쁘게 집이 만들어지는 과정이긴 했으나 몸도 맘도 지칠 대로 지쳤다. 회사 근무 마치고 귀가하면 아직도 어색하고 낯선 집이 기다리고 있었고 외부는 외부대로 대문도 없고 담장도 없고 맨몸처럼 우두커니 서 있어서 황량함 그 자체였다.

부부는 공사하는 집을 보는 게 '마치 아이를 양육하는 게 이런 느낌일까?'란 생각이 들었다. 물론 그것은 더 말도 안 되게 고되고 버거운 일이 겠지만 각자 회사 다녀와 먼저 온 사람이 집 군데군데를 살피며 해결하는 과정들이 아이 돌봄을 연상케 한 것이다.

"우린 이것도 이렇게 힘든데 부모님들은 너무도 대단하시다." 부부는 결혼하고도 여태껏 큰 트러블이 없었고, 이렇다 할 큰 부부싸움도 해본 적이 없었다. 2살 위인 남편과 나는 늦게 만난만큼 서로를 맞춰가며 '이렇게 서로를 배려해 가면서 잘 살 수도 있는 거구나.'를 느끼며 감사해했었는데 집을 짓기 시작하면서부터 걷잡을 수 없이 감정 컨트롤이 어려웠다. 또 이사 후 발생한 집에 물 새고 벽에 금 가기 시작하는 하자 문제의 트라우마까지. 그리고 당시는 몰랐는데 남편 회사에서도 여러 가지로 힘듦이 겹쳤다. 조금의 여유라곤 전혀 없이 불안정한 삶이 지속된 시간이 었다.

'사람을 겪을 땐 힘들고 고된 일을 함께 해봐야 진면목을 알 수 있다' 라고 했는데 생각해 보니 우린 아이를 낳아 키워본 경험도 없었고 한쪽이 심하게 아프거나 돈 문제를 겪는 고생스러운 일이 아직 없었던 거다. 그냥 으레 기존에 사는 모양을 맞춰가는 그런 소소함만이 있었을 뿐이었다. 그러다 집 지으면서 둘 다 체력이 확 축나버리니 벌어지는 상황들 하나둘 원망도 잦아지고 작은 일 하나에도 굉장히 예민 보스가 되었다. 그 화살은 서로를 보자마자 긁지 못해 안달로 변해갔고 힘든 부부생활이 지속되었다. 집 하나에만 매달려 개인 시간 전혀 없이 회사-집-회사-집. 무한 반복의 시간은 마음의 여유와 웃음을 앗아갔고, '이렇게 안 맞는 성향의 남자라니, 내가 그간 몰라도 너무 몰랐구나. 이런 남자와 2세를 생각했었다니. 절대 있을 수 없는 일!'이란 미운 마음마저 잠식했다.

그 당시 일기를 보면 결혼을 후회한단 말이 빼곡히 적혀 있다. 아주 깊숙이. 왜 우린 이렇게 합심해서 예쁜 집을 두고도 서로가 나약해 빠진 인간밖에 안 되는 걸까? 그렇게 큰 홍역을 치르고 지낸 게 5개월 정도다. 그렇게 시간이 흘러가면서 집도 언제 그랬냐는 듯이 차츰 정리되고 있었다. 중간 중간 작은 싸움 해프닝은 있지만 그래도 그건 아무것도 아니었다. 삶의 규칙이 정상으로 돌아가기 시작하면서 마음 또한 누그러졌고, 서로의 못났던 점을 회개하며 화해했다. 살면서 부딪칠 때도 무수하지만 서로를 좀 더 알아가게 된 우리는 서로의 기분을 보전하는 법도 배우게 되었다. 우스갯소리로 가끔 난 말한다. "집 짓다 이혼할 뻔했다."라고. 그런데 진짜다. 이건.

롤러코스터를 탔던 우리는 이번을 계기로 앞으로 살면서 또 언젠간 닥쳐올 난관들의 예행연습을 한 것 같았고, 서로를 더 알게 되었다. 확실한 건 집을 짓지 않았다면 이보다 몇 년은 뒤에 그의 깊은 성향을 알아챘을 것이다. 차라리 빨리 온 게 다행이라 해야 할까? 비가 온 뒤 땅이 더 단단히 굳어지듯이 부부도 한층 발돋움했다. 그리고 지난날을 회상하며 '체력'을 무조건 키우기로 한다! 모든 근원을 체력 탓으로 돌리며. 기초체력 없이는 아무것도 안 된다는 걸 뼈저리게 깨달았다.

③

번 아웃 세 번째
하자 보수의 결정판 될 줄이야!

그래도 우린 이사 와서 이 집에 가장 만족했던 부분이 단열과 방수였다. 공사할 때도 단열공사와 방수공사는 늘 최우선으로 여겼고 기능 좋은 내단열과 외단열을 신경 써서 두껍게 만든 집이라는 자부심이 있었다. 돈이 마무리 안 된 채 시공사 사장은 떠났고 다른 공사업체들도 우릴 불가피하게 외면했지만 더 이상 거기에만 맘 쓸 수는 없었다. 우린 S 사장을 보내주기로 마음먹었다. 그의 가정사도 알고 있고 그를 찾아간들 의미 없을 거라 여겼다. 종종 우스갯소리로 "그래도 이 집이 비는 안 새잖아?", "사장이 기초 토목 전문으로만 나갔으면 더 잘될 수도 있었는데 안타깝다. 우리도 어디 가서 마무리 잘하는 사람으로 남자!"라는 말하곤 했다. 그가 없었던 때나 함께 있었을 때의 하자들이 생각났다.

(1) 비만 안 새면 된다

열흘간 설거지 하수구 물 내려가는 게 시원찮아서 과탄산소다와 식초를 섞어 뜨거운 물을 살짝 부었다. 그나마 나아지더니 또다시 제자리였다. 분명 물이 내려가는 게 문제가 있어 보였다. 휴일 오전에 어찌어찌 음식을 마쳤지만, 이젠 아무래도 업자를 불러야 할 것 같다고 했고 남편은 마지막으로 한번 해본다고 했다. 다이소에 가 큰 액체 뚫어뻥 (*하수구 클리너)를 사와 하수구를 정리 후 뜨거운 물을 붓고 반복했다. 이번엔 2시간 뒤에 말끔히 뚫렸다. 남편은 우쭐해했고 나는 힘껏 칭찬해 줬다. 그러나 기쁨도 잠시 저녁 8시쯤 1층 아버지께서 전화를 거셨다. 아버지와 한집에 살긴 하지만 각자 출입구도 다르고 생활 반경이 달라서 1주일에도 한두 번 겨우 뵐뿐이었는데 아버지의 목소리가 심상치 않았다. 잠시 후 내려가자마자 '맙소사! 내가 지금 뭘 본거지?'

최근 뉴스에서 아파트 부실 공사로 입주 예정자들이 두 차례나 입주 연기되었다는 걸 본적이 있다. 이유는 사전점검에서 누수와 벽지 곰팡이 문제가 극심하여 물이 엄청나게 쏟아진 것이다. 부실 공사의 그 뉴스가 현재 우리 집과 오버랩되었다. 거실 천정에서는 물이 알 수 없는 여러 구역으로 하염없이 떨어지고 있었고 전기도 나가서 어두컴컴한 곳에서 핸드폰 조명을 켜둔 채 걸레질하시는 아버지의 모습이 잊히질 않았다. 당장 창고로 달려가 큰 대야부터 가져와 물 떨어지는 곳에 다 받쳐두고 2층에서 미친 듯이 쏟아 붓는 근원지는 정확하게 2층의 설거지 하수구 밑이었다. '아 설마!' 불안감이 엄습했다. 우리가 뚫었던 뚫어뻥이 터진 걸까? 믿기지 않은 현실이 제발 사실이 아니길 빌었다. 아니 그걸 사용했다고 물이 새면 이 세상 물 안 새는 곳이 없게? 말이 안 되는 일이었다. 일단 원인을 찾는 게 급선무였지만 할 수 있는 게 없었다. 시간은 밤 9시를 향해 가고 있었다.

순간 밑 빠진 독에 물 붓는 두꺼비 같았다. 일단 마당의 외부 수도관부터 전부 잠그고 30분이 지나니 그제야 천장 하늘이 진정되었다. 상황은 우리가 낮 4시경에 뚫어뻥 작업을 했었고 아버지가 귀가하신 무렵 오후 8시 발견하셨으니, 아마 2~3시간 천장에서 계속 물이 떨어진 걸로 추정되었다. 거실과 주방의 가재도구들이 물비린내로 덮였다. 시공사는 당연히 연락받지 않았고, 집 지을 때 상하수도 설비를 맡아주신 반장님께 전화했더니 없는 전화번호라고 연결음이 흘렀다. 그들과 친분이 있던 전기설비 사장님과 가까스로 연결되었을 땐 그는 암울한 목소리로 "설비 반장님(그 분)은 병환으로 6개월 전에 돌아가셨어요."라며 우리에게 전해줬다. 그 때 부부가 함께 일을 하셨는데 아내분도 상심으로 이 일을 접었다고 했다. '뭐 이런 경우가… 생길수도 있구나!' 그분이 여기 상하수도 배관을 설치했으니 물어볼 수 있는 유일한 사람인데. 밤도 늦었고 당장 와줄 사람을 찾는 건 쉽지 않았다. 순간 너무도 막막해졌다.

'만약 배관이 속에서 다 터진 거면 어떻게 하지? 1층 천장 다 뜯어야 하는 거 아냐? 그런데 1층 천장은 일반 석고보드하고 나무 서까래로 혼합되어 있는데 나무 다 썩어서 파내야 하는 거 아닐까?' 그 서까래는 아버지가 유일하게 요청하셨던 인테리어 중 단 하나인데. 아…. 천장공사가 보통 일이 아님을 알기에 꼬리에 꼬리를 물었다. 우리보다 더 속상할 아버지 생각과 밤사이 물비린내 나는 집에서 계실 생각에 뜬눈으로 지새웠다.

다음날 젊은 담당 두 분이 오셔서 누수탐지기로 정확하게 물새는 근원지를 체크해 줬다. 우리의 뚫어뻥. 그 예상이 맞았다. 너무 다행인 건 딱 그 지점만 해당하였던 것! '오 하느님! 신령님! 진심으로 감사합니다. 감사합니다!' 이럴 때만 하느님을 찾는 나다. 그 부위 싱크대 홀 아래 흐르는 부분의 천장을 야무지게 뜯어내고 배관과 배관 맞물리는 원통 본드가 떨어져 있음을 발견했다. 애당초 본드 칠이 완벽하게 10센티 정도는 물고 들어가야 하는데, 본드 칠이 5센티 내외로 허술하게 돼 있다고 알려줬다. 그래서 언젠가 빠질 부분이 하수구가 막히면서 뜨거운 물에 녹아버린 것이라고. 뜨거운 물을 많이 부었다면 그것도 잘못일 수 있겠으나 애당초 기초 부분에서 허술했던 공사임을 짚어줬다.

그분들은 원인과 상황 파악했고 "아, 이거 설치한 사람이 왜 그렇게 했는지 알겠네요. 여기 'ㄱ' 자로 꺾이는 부분에 배관 넣기가 아주 힘들어서 겨우겨우 끼웠나 봐요. 그래서 5센티도 안 되게 마감을… 그래도 이렇게 마감하고 덮어버리면 안 되지요." 공사 시에 우리가 매번 붙어 있을 수도 없는 노릇이고 붙어 있는다 해도 모든 일거수일투족을 알기란 어렵지 않을까? 공사가 어느 정도 진행되면 더욱 믿어버리는 게 사람 심리고, 우린 전문가에게 '돈을 주고 부탁하는 거니깐 잘해줬겠지.'라고 생각한 게 오산이었다. 그들이 덮어버리면 건축주는 절대 알 길이 없다. 이렇게 대강 해놓고 막아버린 곳이 이곳뿐만이 아니라면? 이제라도 알았으니 최대한 뜨거운 물을 붓지 말아야 하고, 단독주택 같은 경우 하수구 청소 1년에 한 번씩은 받는 게 좋다고 하셨다. 수리기사님이 집 공사해 준 시공사와 하수 배관 설치 담당자는 왜 안 오는지 물으셨다. 연락 두절이라 하니 "그런 경우 되게 많아요.", "….." 아 지금 우린 누굴 탓할 수 있을까? '매년 한 번씩 관리하자'며 상황을 마감했다. 그런데 정확히 두 달 후 설거지 하수구가 또 막히게 되었다.

(2) 물새는 노이로제

싱크대가 막혀 조금씩 역류했다. 자라 보고 놀란 가슴 솥뚜껑 보고 놀랐다. 아! 지난번 그분들이 새로운 작업자를 소개시켜 줬다. 1년에 한 번씩 배관 내부 청소가 필요할 거라고 말했는데 그걸 한번 진단받는 걸 제안해 주었다. 그리하여 시작된 배관 내시경검사! 아파트가 아닌 단독 주택이다 보니 배관 길이가 긴 편이지만 우리 집은 유달리 길다고 했다. 2층 싱크대 밑으로 복도를 지나 1층으로 내려가는 구조인데 아주 긴 배관에 기울기도 일정치 않고 일반적으로 쓰는 Y티가 아닌 정T부속을 사용해서 배관 막힘을 일으킬 수밖에 없다고 했다. '설비 반장님! 도대체 우리 집에 뭘 어떻게 하고 떠나신 건가요?' 울고 싶다 정말이지.

역방향으로 돼 있는 배관은 물이 안 내려가고 중간에 차 있는 상태였고 그대로 앞쪽에는 이물질 덩어리가 크게 막고 있었다. 원인이었던 단단한 거대 기름 덩어리와 부속품을 교체해 주고 마무리했다. 천장 전체를 다 뜯어보지 않는 이상 언제 또 도사릴지 한 치 앞을 알 수가 없었다. 1년마다 검사를 놓치지 않기를 체크 잘해야 한다. 벌써 1년이 다가온다.

(3) 누더기 집에 사는 기분

- 콘크리트에 금이 가기 시작했다

어느 날 건물 외벽을 봤는데 금이 가기 시작했다. 정확히 이사 후 두 달 뒤부터. 금이 '팍' 하고 간 게 아니라 서서히 그어지는 느낌이랄까? '이게 도대체 뭐지?' 자세하게 살펴보니 집 뒷면뿐 아니라, 앞면까지도 군데군데 금이 난 곳이 있었다. 금이 가 있는 곳을 보자마자 누가 볼세라 뒤를 쳐다보게 되었고 얼굴이 화끈거리고 남부끄러웠다. 아니 새집이라고. 여긴.

S 사장의 답변은 "겨울이기 때문에 응축돼 있던 벽돌들이 금이 조금씩 가는 건 당연한 현상이고, 나중에 AS 어차피 한꺼번에 하면 돼요~ 이전 집들도 다 그랬어요~ (원래 몇 개 정도는 빼내고 새것을 끼운다. 그리고 겨울 공사는 날씨 영향으로 어쩔 수 없으니까 걱정할 필요가 절대 없다!) 라고 당당히 말하는 그의 합리화. 그걸 곧이곧대로 듣고 있는 호구 건축주.

S 사장이 벽에 금 간 상황으로 조적 사장님과 일정을 잡으려 하자, 그

는 차일피일 다른데 일정이 있다면서 3주 뒤, 또 2주 뒤 계속 미뤘다. 너무나 답답한 나머지 우리가 직접 통화했을 때 "사장님~ 집 외벽이 심각한 상황인데 아시면서도 그렇게 미룰 수 있어요? 그쪽 일정 기다려줬으면 이제 오실 때가 넘은 거 같은데요~ 언제쯤 가능하실까요?"(최대한 침착함을 유지하고 싶었다.)

"아니 벽돌 자체가 약하고 이상했는데 왜 그걸 내가 해줘야 합니까? 내가 40년을 벽돌을 쌓았어도 여태껏 단 한 번도 그런 적이 없었는데 이거는 벽돌집에 직접 항의하세요! 그리고 AS를 하더라도 그 부분은 돈을 따로 받아야 하는데 이미 시공사 사장이 미납인 상태라, AS 받으려면 비용 따로 나갑니다. 그거 수리 보려면 사다리 타고 올라가야 해서 4명은 투입되어야 하고 3일 정도 잡아야 하니 대략 350만 원(얼핏 기억나는 수치) 이상 잡아야 할 거예요! S 사장이랑 얘기해서 정리되면 말 하세요." 그는 더욱 당당했고 '난 아무 잘못 없으니 결정은 네가 해라~ 결정하면 내가 가봐서 해줄 수는 있다!'라는 말투 딱 그거였다. 조적 벽돌을 담당했던 그들만의 세계에서 전문가라 불리는 그는 나이 60세 넘은 베테랑으로 자기 업에 자부심이 최고였던 분이다. 공사할 때 아직도 기억나는 게 우리 시아버지와 성까지도 똑같은 동명이어서, 그와 적당한 농담을 섞어가면서 인사하며 지냈던 게 불과 몇 달 전의 일이다.

다른 전문 조적 업체 두 곳에 문의해 우리가 가진 동영상과 사진들을 보냈다. 그 조적 사장님이 우리 집의 작업을 보여주었더니 연락이 왔다. "아니 누가 그렇게 시공해요? 저 벽돌은 저렇게 쌓는 게 아닌데 조적 작업은 저 순서가 아니에요. 순서 자체가 잘못되었네요. 벽에 금이 갈 수밖에 없네." 귀에 잘 들리지가 않았다. '아니 그 사람은 평생을 저 조적만 쌓았다는데 누굴 믿어야 하는 거지?' 그 후 업계 40년 베테랑이라고 본인을 소개하던 사람은 단 한 번도 오지 않았다.

- 우리가 할게

그 사이 벽의 금은 더 심해졌고 우리 부부는 우리가 할 수 있는 방법을 찾아야만 했다! 이야기를 조합한 결과 우리 조적에 금이 간 이유는 일반 벽돌이 아니라, 롱 브릭스 벽돌인데 중간 마다 앵글('ㄱ'자 모양으로 구부린 철제 쇠붙이, 벽돌이나 블록 외벽 시공 시에 하중을 받쳐주는 역할을 함)이 제대로 안 되어 있고 와이어(*여러 가닥의 강철 철사를 합쳐 꼬아 만든 줄) 작업도 안 해서 저렇게 금이 간 것이라 했다. 또 겨울철에 급하게 빠르게 한 요인도 해당한다. 벽돌마다 시공 방법이 다른데, 우리의 작업자는 일반 시공과 동일하게 처리해서 문제가 발생했고 이는 그가 주장하는 벽돌 문제가 아닌 시공 문제가 맞았다. 그의 "어디서 이상한 벽돌을 가져와서 이렇게 되게 만들었느냐."라는 말을 되뇔수록 울화가 치밀지만, 그는 더 이상 연락이 닿지 않았다. 우리는 이 벽돌이 갈라진 틈을 타서 무너지면 어쩌나 하는 우려와 비가 와서 물이 스며들고 안쪽으로 습기와 곰팡이가 생기는 최악을 막고자 외부 실란트(*건물 수명 연장에 중요한 역할로, 외부로부터 각종 틈을 막아줌. 공기, 바람, 물, 먼지, 햇빛, 화학 원료, 열, 냉기 등을 차단 해주는 역할. 접합부나 이음매를 메우는 액상 재료)로 금이 간 곳을 막아주었다.

(*실란트와 실리콘의 구별되는 점: '실란트는 홈이나 간격을 메우기 위해 사용되는 여러 물질의 통칭. 그 여러 물질 중 하나가 바로 '실리콘'으로 실리콘은 실란트의 하위 개념이다.)

– 페인트 찾기 삼만 리

벽돌을 들고 페인트 판매점에 찾아갔다. 당황한 사장님. "벽돌을 들고 오셨어요?", "네. 이거랑 맞는 것 좀 찾아주세요." 아날로그의 끝판왕이었다. "100% 안 맞을 것 같은데?", "100%는 당연히 아니지만 얼추 비슷하게 면 될 거예요." 회색 조가 낮게 깔린 컬러이기에 그에 맞게 조색(*color matching: 단일 안료를 사용한 도료를 원색이라 하고 이러한 원색들을 서로 혼합하여 원하는 색상으로 조합하는 작업)했다. 자신의 감을 또 믿어버린 나는 잘 사 왔다며 칭찬했다.

페인트칠에 앞서 남편은 실리콘 총을 들고 흰색 실란트 색상으로 금간 곳들을 야무지게 쏴줬다. 무색을 하게 되면 나중에 페인트 색이 먹질 않는다고 여기저기 정보를 통해 알아둔 상태였다. 실란트를 다 쏘고 나니 누더기 라인이 되어 집이 엄청나게 볼품없었다. 마치 아파트 노후화되면 한 번씩 페인트칠할 때 밑그림 그린 것과 같았다. '빨리 말려서 페인트칠해야겠다.' 며칠 후 색을 입히는 순간 알았다. '응? 좀 안 맞는 거 같은데 잠깐만. 옆에도 다시 한 번… 헉! 폭망!' 색이 안 맞는 수준이 아니라 아예 맞질 않았다. 망연자실했다. 이렇게 끝일까? 어쩜 좋지? 마당에 주저앉아 멍하니 있는데 아버지가 나오셨다. "왜?", "너무 힘들어요. 사는

게 벽이랑 색깔이 안 맞아… 이제 어쩌지?", "이게 힘들면 나가 죽게?",
"네?" 순간 웃음이 났다.

– 구세주 나타나다

그러다 숨고(*숨은 고수 플랫폼) 앱을 통해서 페인트 전문가를 섭외했
다. 한눈에 봐도 말총머리 하시고 허리춤에는 각종 도구를 끼고 계신 장
인 같은 분이셨다. 그분은 내가 집 전체를 의뢰한 거로 알고 오셨다가 부
분 부분을 요청한다는 걸 알고 수익이 확 줄어드니 대략 난감해했다. 그
러다가 우리 집을 보더니 어쩌다 이렇게 되었냐며 불쌍해 보였는지 최대
한 컬러 표를 보시면서 색을 맞춰주셨다. 벽돌색과 벽돌 사이의 메지 색
두 가지 컬러를 골라주셨고 "바를 때 급하고 넓게 팍팍 칠한다는 느낌으
로 말고 붓으로 점점을 찍듯이 천천히 하세요. 티 안 나게. 급하게 마시
고 시간을 들여 사다리 타시고 조금씩 하세요." 방법까지 알려주시며 건
투를 빈다고 응원을 보냈다. 그 후 말씀대로 칠했는데 정말 감쪽같이 변
했다. '만세!! 이게 되는구나!' 감사함 그 자체였다. 그러나 애당초 새 운
동화와 세탁기에 3~4번 들어갔다 나온 운동화를 비교할 순 없었다. 얼
마 후 인터넷 카페에 나랑 동일한 건축주가 있었다. 그분의 아이디어는
벽돌을 갈아서 가루를 만들어 금 간 곳에 붙였다. 오 멋지다!

사실은 모든 게 처음부터 잘돼야 한다.
시공 시 건축주가 모든 걸 면밀히 본다 한들 이런 일이 생기면 누구라
도 당황할 수 있다. 문제는 돈이다. 사람이다. 마음이다. 시공사며 업체

며 본인 실수를 용납하지 않고 되레 더 당당했다. 서로가 서로가 아니란다. 혼란스러운 우리는 이 방법이 최선이었다. 벽돌은 하루에 일정 높이 쌓을 수 없다는 기본 상식, 벽돌 사이의 몰탈(*모래와 시멘트 그리고 효율을 높여주는 개선제가 혼합되어 있어 물만 부어서 바로 쓸 수 있는 제품)이 양생되기 전에 무리하게 쌓아 올리면 안정성에 문제가 생긴다는 것, 우리는 그때 겨울 시공을 했었고, 10명 가까운 인부들이 붙어서 빠르게 시공되었다고 좋아했었다. 그분들도 어깨 뿜뿜했으며 이렇게 빨리 끝난 적은 없다 했다. 그 섣부른 공사가 이런 사달을 만들지 '에이 설마라는 그 생각이.' 이런 참사를 불러일으켰다.

현장에서 여러 시공 방법이 있겠지만 뭐든 그렇다. 재료의 성격을 명확히 알고 시공하는 것. 우리 집이 시험대가 된 느낌이다. 올바른 부자재 사용과 정확한 시공이 하자와 이에 따른 안전사고를 막는 유일한 방법임을 또다시 명심하게 된다. 물론 그분은 지금도 그 어디선가 떵떵거리면서 살고 있겠지. 당시에도 금 간 이유에 관해 설명은 들었지만 깊이 이해하지 못했다. 글로 쓰고, 찾아보게 되니 겨우겨우 정리가 된다. S 사장은 물량 산출을 도대체 어떻게 했는지 그가 남기고 간 벽돌과 몰탈(레미탈) 물량이 엄청나게 남았다.

(4) 울퉁불퉁 잔디

－ 긴급 투입된 느낌적인 느낌

조경 잔디 심는 날, 잔디 심기 위한 인부 2명이 끝이었다. 남자 사장님 한 분에 외국 여성분 이렇게 두 분이 오셨고 이분들이 작업할 우리 집 잔디가 도착했는데 아니 이게 왜인 걸? 가로 세로 크기가 20×20의 작은 정 사각이 도착했다. 이게 뭔가 싶었다. 계약서에 줄떼 심기로 적혀있는 것을 뒤늦게 확인했다. (줄떼 시공: 규격 가로 20㎝×세로 20㎝×두께 2㎝의 한국잔디를 1/2 또는 1/3로 절단하여 면 고르기 된 곳에 20~30㎝로 식재하는 방법) 마당 크기가 대략 45평 정도는 되는데 이걸 언제 심어? 이게 나중에 자라기는 하는 걸까? 라는 의심이 들었다. 시공사 사장 왈, "이렇게 작은 쪽 잔디를 깔아서 탄탄히 다져야 나중에 더 오래가고 잘 커요~"

돌이켜보면 그의 능청에 왜 단 한 번도 다른 데 물어볼 생각 못 하고 그냥 받아들였던 걸까? 하고 생각한다. 작업이 시작되고 잔디 까는 모습에 호기심이 생겨서 나도 같이 옆에서 도왔다. 옆에서 그들 하는 대로 했는데 손재주 제로인 나는 엉성하기 그지없었다. 그리고 이미 크기도 맘에 안 들었고 적은 인원이 와서 원래 이렇게 하는 게 맞는 걸까? 하고 신경질이 났다.

지켜보니 외국인 여성분도 뭔가 엉성함이 나와 다르지 않았다. 전문적이지 못하고 오늘 하루 긴급 투입된 느낌이랄까? 우리가 전문 조경업체

부른 게 아니니 이해하면 되지만, 생각도 못 했던 잔디 크기가 짜증스러웠다. 시공사 사장은 처음부터 이렇게 계약한 거라고 말하니 우리가 몰랐던 게지. 우리 집 맞은편에는 전문 조경업체가 와서 하루에 7명의 작업자가 와서 나무 심고 체계적으로 하는 것을 보았다. 또 어느 집에는 물레방아도 있고, 작은 연못 있는 집들도 있었다. 엄청난 소나무들의 위용을 자랑하며 오버 조금 보태서 숲처럼 꾸며놓은 집도 있었다.

그에 비해 우리 집은 조경이라고 할 것까지도 없는 마당에서 쪽 잔디를 같이 앉아서 깔고 있는 이 상황이 웃겼다. 단독주택 조경은 집을 돋보이게 요소 중의 하나다. 집의 완성도는 조경으로 올라간다고도 한다. 앞부분 공사 신경 쓰느라 이 또한 "그때 가서 해야지!"가 매우 컸다. 또 예산도 현저히 부족했다. 다른 집들을 보면서 우리가 얼마나 무계획이었는지를 또 알았다. 조경공사비를 별도로 생각했어야 했다. 또 결국엔 잔디 크기가 문제이겠냐마는 심는 방법에 있어서도 의심이 들었다.

− 잔디 인형

시간이 흘러 어느덧 푸릇해져서 전보다 훨씬 사람 얼굴이 된 잔디들. 듬성듬성하고 땅은 평평하지 않고 울퉁불퉁하다. 게다가 1년 반이 지났어도 잔디가 안 퍼진 곳이 있어서 부분마다 대머리 같음을 느낄 때도 있다. 그 부분 잔디는 죽은 걸까? 우리 집 잔디는 뭐랄까?

이발기로 밀어젖힌 느낌이 강하고 세심하고 고급스러운 맛이 하나도 없는 날것의 느낌이다. 모르는 사람은 모르지만, 아는 사람은 너무도 잘 보이는 그런 잔디. 앞집 이사 올 때 남는 잔디를 받아서 창고 쪽을 메우긴

했으나 아직도 민둥산이다. 그쪽은 해가 잘 들지 않아서, 더욱 그런 듯하고 볼 때마다 짠하다. 촘촘히 평평하게 깔아달라고 부탁했었는데 띄엄띄엄 심은 곳에 생긴 잡초관리로 온갖 스트레스를 받은 남편이다. 그렇지만 누구보다 남편은 잔디를 애지중지 자기 새끼처럼 다룬다. 우리 집 총괄 집사인 남편이 도맡아 하고 있고, 부부는 하나씩 배워나가고 있다.

최근엔 창문 결로까지 추가되었다. 하자 보수의 여러 가지를 겪으며 원망도 많았지만 내 책임 우리 책임도 크게 통감한다. 신중하게 선택하고 공부했어야 했다. 살면서 더욱 느끼는 바다. 공부 안 한 채 멋대로 돌진하고 당해도 제대로 대꾸할 줄 모르는 바보 같았던 나의 집짓기.

스벽 출근하다 집으로 출근합니다

번 아웃 네 번째
카페 같은 집이 생겨도 비교 의식

집에 정리할 게 한 무더기인데 아무것도 하기 싫었다. 짐도 풀어야 하고 정리하고 살림하고 마당도 봐야 하고 이 모든 과제에 대한 부담감과 과제를 잘 풀어내야 한다는 마음이 스트레스가 되어 과부하가 걸린 느낌이다. 예쁘고 좋은 것도 며칠 지나니 금세 감흥이 없다. 이루고 싶은 걸 어쩌다 보니 완성까지 하게 되고 행복하고 감사했으며 행운아라 여겼으나 게으름으로 돌아가려 하는 내가 기다렸다. 할 게 많아서 완벽해야 한다는 조급한 맘이 나를 무기력으로 이끈 건지 목표가 사라져서 무기력이 된 건지 모르겠다. 애석하게도 두 개 다 요인인 듯싶다. 누군가에게서 게으른 '완벽주의'의 성격이라고 들은 적이 있었고 완벽주의는 결단코 아니지만 게으른 것과 연관해서 생각하니 맞다는 생각이 들었다.

또 비교 의식이 스멀스멀 올라왔는데 난 학창 시절의 친구들, 많이 거쳐 갔던 직장 동료들과 비교하고, 새로운 지금의 일에서 잘나가 보이는 사람들과 비교한다. 그렇게 늘 내 옆을 항시 비교했고 이번엔 집을 짓고 주택살이하는 사람들을 SNS(Social Networking Service)로 보며 비교하게 되었다. 그들을 보며 벤치마킹해서 좋은 거 얻고 배우고 활용하며 나도 성장한다는 맘도 있었지만 항시 일관적이지 못했다. 들쑥날쑥한 날이 핑퐁처럼 왔다가 초라하고 자신감 없이 누군지도 모르는 이들의 즐겁고 바빠 보이는 일상을 부러워했다. 그렇게 누군가의 성공이나 좋아 보이는 SNS 상의 모습들은 자극이 되기도 하지만 질투를 유발하고 자극 30퍼센트, 질투 70퍼센트로 현타도 오며 그 자리에서 질척였다. 주변과의 비교가 극심하니 자연스레 게으른 완벽주의 성향은 점점 더 커져만 갔고, 게으름과 무기력. 완벽주의와 비교에서 오는 여러 콤보 찌질 함들이 공존한 내가 집 짓고 난 후 다시금 나타난 것이다. 또 공사했던 옆집들도 점차 멋진 모습으로 완공된 걸 보며 동네에 예쁜 집 생겨서 기분 좋다가도 '왜 우린 저런 생각을 못 했을까?'를 연발한다.

그릇이 작은 내가 이런 부분을 남편에게 말한다. 남편은 "응? 난 우리 집이 더 예쁜데~ 우리 집 너무 예뻐 자기야~"라고 말해 순간 빵 터지는 웃음과 편안함을 준다. 그는 다른 집들의 조경을 보면서 "여보! 우리도 저거 심어보자. 좋다!" 우리 집 조경 담당인 남편은 나와 다른 시각을 갖고 있다. 내가 그를 좋아하는 이유기도 하다.

나도 시도하는 걸 좋아하지만 가끔 지나친 비교 의식으로 정신 못 차릴 때가 있다. 그러다가도 주변 영향력인 특히 남편을 보며 생각을 고쳐 먹는다. 그리고 이럴 때 나는 책을 읽고 걷는다. 그럼 주변 평가에 흔들리고 싶지 않은 내가 루틴을 지킴으로써 조금씩 단단해지며 다시 스스로에게 집중하게 된다. 지금 나는 다른 이의 좋은 점과 내가 안 해본 그 일들에 대해 "와! 재미있겠다. 우리도 저기 가보자. 버킷리스트에 적자!"라고 하며 기분 좋게 비교한다.

⑤

번 아웃 다섯 번째
이젠 정말 굿바이 시공사

어느 날 남편과 저녁밥을 먹는데 전화벨이 울렸다.

순간 심장이 떨어지는 줄 알았다. 시공사 사장 S의 이름이 뜬 것이다. 너무 깜짝 놀라서 심호흡하고 통화버튼을 클릭하려는데 받으려는 직전 끊겼다. 결론적으로 3번 울렸다. 바로 다시 걸었더니 부재중이고 2년 만의 전화였다. 짐작하건데, 잘못 클릭했던 거 같다.

1인 기업가인 우리의 시공사 사장 S는 현장 소장이자 회계 담당이었다. 그야말로 멀티플레이 역할을 가졌지만 완수하지 못하고 짐만 남긴 채 떠났다. 보기가 안쓰러울 정도로 혼자 다 했다. 아직도 그의 캠핑 짐은 우리 집 창고에 덩그러니 놓여 있다. 그가 공사 중 건축 자재 사이즈와 산출량 계산을 잘못하여 남은 자재들인 벽돌, 타일, 부자재 등도 고스란히 남아 있었다. 업체에서 한 번에 반품 받아준다며 마지막까지 놔두라고 했던 그. 그 말을 순진하게 믿어버린 나는 바로 얼마 전에 당근 마켓 앱으로 헐값에 넘겼다. 몇몇 업체는 현재 사장을 고소 중이라고 했다. 그가 우리에게 집 공사 다 마치면 자기네 시골집에 가족끼리 다 놀러 가자고 두어 번 이야기 했었던 게 생각난다.

시공사가 알아서 잘해줄 거라는 그 대단한 착각을 나도 했다. 집을 짓기 전에도 그랬고 지으면서도 그랬다. 그러다 중간부터 무너진 마음은 '대체 내가 왜 이 힘듦을 자초했을까?'였다. 스스로가 한스러웠고 가족 중 누구보다 앞장서서 S 사장과 일해야 한다며 나댔던 것이 부끄러웠고 죄송했다. 그 순간엔 그게 최선이었다고 합리화하며 앞만 살피는 경주마 같은 시선으로 후회가 막심이었다. 하지만 이제는 더 이상 잘못 선택했던 것들에 후회하고 싶진 않다. 후회 대신 동일 실수를 다음에 또 하지 않기 위해 잘못을 복기해야 마땅하다. 사람을 대할 때 신중해야 함을 또 배웠다. 그런데 다시 돌아갔어도 우린 그를 선택했을 거다. 우리가 아는 정보 선에선 그 방법이 제일 나은 거였으니깐. 그래서 공부가 필요한 이유다.

내가 만든 실수 안에서도 달리 생각해 보면 실전 집짓기는 엄청난 수업료를 내고 해당 분야의 전문가들과 함께 일대일로 개인교습을 받을 수 있는 절호의 찬스이기도 했다. 손으로 직접은 못해도 눈으로 본 진행 과정을 설명할 수 있는 정보력을 배웠다. 굳이 하지 않아도 될 시행착오들을 깡그리 겪고 시간은 잘도 흘러갔다. 그를 원망했던 마음은 나 스스로에 대한 자책으로 이어졌다가 다시금 다짐을 한다. '잘 먹고, 잘 살자 그리고 공부하자!'라고.

사장님 밥은 먹고 다니십니까?

아시겠지만, 원망을 참 여러 번 했어요. 아직도 마무리 안 된 작업들도 많고, 저희도 하다가 지쳤네요. 아마 저희는 평생 하자 보수도 못 받겠지요? 저희에게 써준 휴지 조각 같은 각서들을 보면 허망하기 이를 데 없네요. 당신을 여기저기서 고소도 하고, 처음에는 사장님 찾는 사람들도 몇몇 왔다 갔습니다.

우리는 당신을 고소하진 못했네요. 엮이고 싶지 않단 마음이 더 컸던 것 같습니다. 그래도 맘에 안 드는 것 빼고 맘에 드는 것도 많아요. 마무리가 잘 되었다면 감사 인사도 받고 좋게 끝내실 수 있었는데요. 아쉬운 마음은 지금도 있습니다.

어디서든 좀 더 자신의 인생을 사시길 빌게요. 시작을 했으면 꼭 끝도 잘 내주세요. 만나고 지냈던 1년여 간의 기억이 길게 남을 것 같습니다. 사장님 덕분에 갈 길이 멀긴 하지만 저희도 성장했어요. 바보 같은 건축주의 표본에서 조금은 탈피 중입니다.

모두 사장님 덕분이에요.

건강 잘 챙기시기를. 진심입니다.

🏅 라니박 집짓기 Self 평가

여러 사람의 관심과 도움으로 이뤄진 집. 힘들고 괴로웠던 점도 분명 존재했지만, 집의 만족도 또한 무수합니다. 아주 큰 '인생 공부'했다고 여기고 놓친 부분들은 배워갈 예정입니다.

좋은 점 (크게 만족합니다!)

- 집 방향 : 남 동향, 햇빛 맛집의 최고조

- 집 위치 : 코너 길목 자리 위치

  1) 탁 트인 시야 & 맞바람

  2) 옆집과의 간섭 최소화

- 집의 동선 : 욕실, 세탁실, 안방의 트라이앵글 구조의 편리함

- 공간 활용

  내부는 내부대로, 외부는 외부대로 필요 부분 알맞게 활용, 방을 잘게 쪼개기보단, 통으로 크게 만들어 답답한 느낌을 없게 만듦.

  1) 다락방 두 가지로 분할 : 나의 로망 서재 반/영화관 겸 게스트 룸 반

  2) 안방 안에 미니 다락방 만들어 여행 캐리어와 계절 지난 옷 수납

  3) 창고와 주차장을 제외하고도 잔디 있는 마당 널찍하게 사용

- 수납(수납에 사활을 걸음)

  1) 현관과 주방에 실내 창고 만들어서 수납공간 활용

  2) 욕실과 세탁실 상하부장 수납공간

  3) 주방 붙박이장과 싱크대 하부장 여유

아쉬운 점 (하나씩 잡아나가리라!)

• 배관설비, 벽에 금감, 창문 성에 → 쓰리 콤보

• 외부 전기선 여유롭게 생각 못 함 → 내부뿐 아니라 외부에서도 할 일이 많으니 여유롭게 만들어두길 추천 (예를 들면, 외벽의 조명 ON/OFF 컨트롤을 내부에 만들어서 불편함, 크리스마스 외부 트리 등 장식할 때 전기를 못 빼 꼬마 건전지로 대체하는데 희미한 불빛에 아쉬움)

• 태양열 설치, 창고, 주차장, 담장 등도 미리 구체화 시키지 못한 점 (나중에 하게 되면 돈·에너지 2~3배 이상, 가장 힘든 건 체력 고갈)

• 현관 위에 처마 부분 빼지 못한 것, 추후에 선룸을 하려 했다가 타이밍 놓침. 햇빛을 정통으로 맞는 곳에 현관이 있어 직사광선 그대로 노출

4장

단독주택을
다시 짓는다면?

10년 아닌 3년 늙을 수 있는
필수 공부 2가지

어릴 때부터 예습 복습의 중요성을 많이도 들었지만 제대로 실천한 적은 없었다. 이는 집을 지으면서도 마찬가지였다.

집은 어찌어찌 짓게 되었는데 집 건축과 관련된 용어들과 흐름, 돈에 대한 정립이 아주 부족했다. 또 내가 진짜 좋아하는 게 무엇인지 취향 부분에서도 단순히 막연했다. 집주인이 막연하기만 한데 그 어떤 전문가라 해도 구체적으로 다 끄집어내 줄 순 없다. 이 또한 내 인생을 남에게 맡기는 것과 일맥상통했다. 건축설계사가 이 집에 살지는 않는 거니깐. 내가 어느 정도 뭘 알아서 파악 정도는 해야 설계사든 시공사든 대화를 할 수 있는 것이다.

단순히 모르고 배우지 않았기 때문이라고 합리화하면 나처럼 집 짓는 내내 고달프다. 내가 뭘 모르고 뭘 알고 뭘 궁금해하는지 질문할 줄 알아야 도움 받고 상담받을 수 있다. 상대측에서 "질문 있나요?"라고 물으면 쭈뼛거리던 일상들. 내가 주인인데 주인의식과 기초가 없던 나는 집 지은 지 3년 차가 되어서야 공사 당시의 일들을 비로소 알 것 같다. '아 그때 그랬어야 했구나!' 결혼식을 두 번 다신 하긴 싫지만 한번 해보고 나니 뭐부터 준비할지를 안 것처럼 집짓기도 마찬가지다.

라니박 피셜(뇌피셜 = 정확 정보이기보다 내 뇌에서 나온 정보 = 내 생각) **살아보니 집짓기 전에 기초 2가지 돈 공부와 책 공부는 무조건 했어야 했다.**

(1) 돈 공부는 처음부터 큰 흐름 짜기

땅을 산다는 건 결국에 언젠가는 집을 짓겠다는 뜻이었다. 당시는 땅만 갖고, 다음에 집 지을거니 대출 또한 그때 가서 알아보면 된다는 생각이었지만, 이는 결론적으로 돈을 더 낭비한 꼴이 되었다. 합리적으로 현명하게 생각했다면 처음부터 집 다 짓고 잔금 납부 시기까지 고려한 다음 어떤 방식으로 승인되는지를 파악해야 했다. 그랬다면 수월했을 것이다. 토지 취/등록세, 등기 수수료, 계약금, 중도금, 잔금, 이사, 인테리어, 가구비용, 가전제품, 임시거처 비용(꿈에도 생각 못 했던 비용), 준공 후에 주택 취/등록세 등 각종 세금까지도 번외로 차근히 생각했어야 했다. 전체를 조망하지 못했던 우리는 초반에 더 당겨서 여유롭게 착착 흐름을 만들지 못했고 마이너스 통장과 어설픈 대출을 받았다. 그런데 대출은 평생 갚아야 하는 빚임을 인지하면서도 우리 수입에서 대출 이자를 받을 수 있을 만큼 꽉 채워 받으려 했다. 이것 또한 무지함의 일관성이다.

정보를 찾아보니, 이자를 갚을 능력으로 대출을 받는 게 아니라 가계 수입에서 매달 원리금 상환금액을 감당할 수 있는지부터, 체크하는 게 맞았다. 처음 이자만 낼 때는 어느 정도 견딜만 했는데 일정 기간 이후 원금과 이자의 콜라보 시너지는 가히 대단했다. 숨만 쉬어도 나가는 돈이 턱없이 컸고 중간에 예기치도 않게 회사 휴직을 하게 되면서 불안감은 더욱 엄습했다. 늘 느끼지만 사람 일은 한 치 앞을 모르니 미리미리 대비해야 한다. 머리로는 수천 번 알지만 지나고 나서 늘 후회한다. 지혜의 부족함은 이렇게 맨 처음 돈부터 시작했다.

내가 다시 짓는다면 3년 전 그날로 돌아가서 땅 사기 전에 '토지담보대출'을 해주는 제1금융권 기본 3군데는 상담받을 것이다. 토지 구입부터 대출받기! 은행을 갈 때도 내가 집 지을 근방의 곳들을 찾고, 주거래 은행 위주로 볼 것이며 준공이 나면 토지 담보 대출을 주택 담보 대출로 바꿀시 금리 차이도 꼼꼼히 살펴서 진행할 것이다. 물론 다시 지을 땐 대출이 필요 없을 정도가 되길 바란다.

(2) 집 공부는 책부터 시작하기

건축주, 설계사, 시공사, 인테리어등의 정보들은 온/오프라인 매체에서 넘쳐난다. 당시 집짓기 준비나 순서, 시공 과정의 전체 흐름들. 관련

된 여러 가지를 찾았지만 아무리 봐도 모르겠었다. 가뜩이나 이해가 부족하고 끈기가 부족한 나는 유튜브 기웃, 종이 책 조금 기웃, 브런치 스토리 기웃, 네이버 카페 기웃. 여기저기 조금씩 기웃만 거리다가 뭐하나 제대로 끝까지 보지 못한 채 인테리어만 신경 쓰다 각 전문가에게만 맡긴 채 집을 지었다. 뭔가 좀 이상하다 싶을 때도 있었지만 일일이 따지기가 어려웠다.

다시 짓는다면 나는 우선순위 '책'부터 무조건 정독할 것이다. 물론 돌아가도 어려울 것은 자명하지만, 책 읽는 과정에서 어려운 전문 용어 투성이라도 포기 않고 3권은 완독할 것이다. 이해 못하고 답답하다 해도 건너뛸 것은 뛰며 한 권씩 끝내는 쾌감을 반복하고 상황과 흐름을 익숙해지게 만들 것이다. 그러고 나서 영상과 각종 카페 정보들을 찾을 것이다. 그리고 다시 책으로 돌아갈 것이다. 꽤나 지루한 시간이 될 수도 있다. 하지만 이 작업을 안 하고는 절대 집 짓지 않을 것이다. 무작정 쉽게 표현된 영상만을 보는 것은 즐길 때만 가능하다. 그걸 보고 맨 땅에 집을 지을 수 있는 사람은 유경험자거나 전문가밖에는 없다. '모든 것은 기본에서 시작한다'는 걸 더욱 뼈저리게 느낀 집짓기. 내가 놓친 그 모든 것들. 마치 중간고사 마치고 진짜 그 쉬운 것도 책 한자 안 들여다보고 시험 친 사람 마냥 많은 것이 주마등처럼 스쳐갔다.

집짓기에 대해 필요했던 좋은 책과 정보들을 고르는 안목, 기본적인 상식들, 전체 공사 프로세스, 시공업체를 선별하는 안목, 각종 계약하는 방법 등 거의 전무한 상태로 달려들었던 나! 전쟁에 손들고 자신 있게 나 갔는데 총알 없이 나간 격이 바로 '나!'였다. 집을 다 짓고 나서 이 글을 쓰며 다시 집 공부를 한다. '아! 3년 전에 이 정보들을 알았더라면 이렇게까지 힘들진 않았겠구나!'를 깨닫는다. 책이 인생에서 내게 준 영향력을 알기에 모든 것의 기본은 글이라 여긴다. 유명한 건축가들의 이야기도 중요하지만 실생활과 밀접한 현실적이고 실용적인 내용이 녹아 있는 건축주들의 찐 경험담이 단순 말뿐이 아닌 글로 잘 정리된 것을 찾을 것이다. 좋은 책과 글을 선별해서 보는 것은 집짓기 망망대해에서 빛을 따라 헤매지 않게 이끌어 주는 것이라고 생각한다.

그리고 네이버 건축 카페, 블로그, 유튜브, 브런치 스토리등의 플랫폼들과 건축주들의 건축일기, 최근에는 신도시 택지지구나 단독주택이 밀집한 동네 지역별로 인터넷 카페도 무수하다. 건축 박람회도 다니고 인테리어 시각화 작업은 미리미리 필수로 해둘 것이다. 이렇게 빠삭하게 공부한다 해도 공사 현장 변수 등의 예기치 못한 이벤트들은 우후죽순으로 발생한다. 그러나 공부해서 남 주지 않는다. 그 공부한 것들을 리스트화해서 나만의 '집짓기 노트'를 갖고 체크리스트를 만들 것이다. 그 다음 나의 공부를 알아줄 집짓기에 진정성 있는 분을 찾을 것이다. 제 아무리 열심히 공부한들 나의 건축지식이 '선무당 사람 잡는 꼴'이 될 수 있음을 안다. 어설프게 아는 것처럼 무서운 게 없기 때문이다. 돌아간다면 나는 집짓기 전 1년을 인생에서 다시없을 중요한 시간으로 만들 것이다.

성공 기원 필수 자료 모음집(archive)

집 짓는 중간 또는 다 짓고 나서 알게 된 정보들이다. 반드시 집짓기 내용만 있는 것은 아니다. 책 내용을 잘 따라가다 보면, 집짓기 공정 뿐 아니라, 일 순서 전체를 구상해 볼 수 있는 책도 포함했다. 알짜배 기 정보들이 많다고 느끼는 나의 픽 pick을 모아보았다. 집과 인생이 맞닿아 있음을 알 수 있다. 이 자료들만 정독해도 반 이상은 성공할 거라 자부한다. 저는 못했지만, 여러분은 꼭 성공하세요!

책 『집짓기 바이블 개정 증보 3판』
　　『집짓기 바이블 별책부록 '집짓기 노트'』
　　『우리, 마당 있는 집으로 가자』
　　『마흔에 살고 싶은 마당 있는 집』
　　『부부의 집짓기』
　　『단독주택 리모델링 무조건 따라 하기』
　　『작은 가게 성공 매뉴얼』『월급쟁이 건축주 되기 프로젝트』

카페 '지성 아빠의 나눔 세상'

블로그 '문팀장의 목조주택 블로그'

TV, 유튜브 '건축 탐구 '집"
　　　　　　'오지 탐험대—오지는 오진다'
　　　　　　'인테리어 show'

브런치 '이동혁 건축가 홈 트리오—이동혁 건축가의 동행'

$$\textcircled{2}$$

'싸고 좋은 집은
절대 없다'는 걸 알 것

'싼 게 비지떡'이라는 그 말을 모르진 않지만 '싸고 좋은 집짓기' 왠지 나라면 가능할 것 같았다. 건축주 입장에서 보면 집짓기는 사람마다 차이는 있겠지만 일생일대 최대의 쇼핑 투자일 거다. 다들 안 된다 말해도 왠지 '우리 집은 될 것 같은데?'란 막연한 이상을 갖는 건 인간이 가진 본능이 아닐까? 난 늘 '나는 될 것 같은데.'라는 알 수 없는 운을 믿는 게 있어서 구체적 행동과 계획도 없이 무한 낙관주의를 마구 펼쳤었다.

그러다 '결국엔 아니었구나.'를 반복한다. 우리는 시공사 견적을 총 4군데 받았다. 당시 우리만의 방식과 가치로 체계 잡힌 고급스러운 이름값을 하는 메이저 회사가 아닌 가장 비용이 저렴한 신생에 가까운 회사를 선택했다. 그 시공사가 여태 집 5군데도 채 제대로 완성시키지 못했다는 걸 추후 알았지만 그건 중요한 사실이 아니었다. 하고 싶은 스타일이 분명했고 다른 곳은 그 돈으로 절대 못하는 걸 그 시공사는 가능하게 해 준다고 했다. 순진하게도 믿었다. 우리가 남모르는 곳을 찾았다고 신나하면서! 그렇게 신생에 투자한다고 믿고 진행한 결과는 돈뿐 아니라, 마음 상처까지 크게 입었다. 최대 실수였음을….

처음 집 지을 때는 타 업체보다 억 단위로 저렴한 견적 가격이었지만, 하자 보수비용과 추가적인 공사들, 한 번에 끝낼 수도 있던 문제들이 여러 변수들이 생기며 일정이 늘어지고, 자재가 안 들어오고, 자잘하게 추가되는 비용들을 합치면 결국엔 동일 금액이었다. 물론 다른 곳을 선택했더라도 그에 따라 파생되는 문제는 당연히 있었겠지만, 이거저거 따지면 집의 모습은 투자한 금액만큼 나왔고, 나머지 앞으로 발생할 하자는 고스란히 우리 몫으로 남았다. 결국 똑같았다. 이 집은 우리가 돈 다 낸 만큼 지어졌다. '이럴 거면, 체계라도 정확히 잡힌 곳에서 착착 진행할 걸.' 싸고 좋은 집을 짓는 방법이 있다! 내가 뭘 원하는지 정확한 자재 스펙부터 아는 것이다! 명확하게 자재의 세부 종류, 산출량까지 결정이 나면 똑같은 조건으로 견적을 받는 것이다. 대충 어림잡아서가 아닌 '극 세부적'으로다. 그래야만 현 상황이 더욱 명확해 보이고 비교할 수 있다. 단순 가격만 듣고 결정만 하는 것은 아무 의미가 없다. 부가적인 특약 사항들을 반드시 체크해야 한다.

싼 덴 다 이유가 있고 비싼데도 다 이유가 있었다. 싸다고 덥석 무는 나와 같은 행동은 '싼 게 비지떡'이란 전설의 말을 한 번 더 배울 수 있는 기회가 생기며 2배 이상의 돈, 에너지, 시간 낭비는 덤으로 따라올 것이다. 중고차를 사러 가서도 겉보기엔 비슷해 보이는 사양인데 가격 차가 월등히 난다면 엔진 상태나 달린(운행) 거리, 과거 접촉 사고 흔적 등의 충돌까지도 잘 살펴보는 게 중요하다 했는데 이것과 같은 맥락 아닐까? 그거 매번 AS 처리할 바엔 차라리 새 차를 뽑는 게 나은 걸 수도 있다.

결국 나는 건축에서 얼마 얼마 돈을 더 주고라도 본인만의 최적을 찾고 아는 것이 현명한 방법 같다. 그 유명한 소크라테스가 남긴 말 '너 자신을 알라'를 바꿔 말한다. '너 돈을 알라', '너 자재 스펙부터 알라' 그럼 게임 끝이다. 결국 속은 타 들어갔지만, 인생 경험을 또 추가했다. '싸고 좋은 집'은 없다는 것을 정확히 인지하고 집짓기를 시작해야 한다. 시공사에 깎으려 하기보다 자기가 가진 한도 내에서 최선의 결과가 나올 수 있게 준비해 두어야 한다.(쓸 때 쓰고 아낄 때 아껴 적정 비용을 효율적 활용하기) 그러려면 공부하고 파야 한다.

바로 디깅(*digging, 사전적으로 '파기, 채굴' 등을 뜻하는 디깅은 라이프 스타일의 범주로 들어오면 어떤 것에 꽤 집중하여 파고 드는 걸 의미한다. 뭔가를 잡고 판다는 뜻이다.)이 답이다.

3

'알아서 해주겠지.'라고
생각지도 말 것

'알아서 잘해주겠지.'는 언급조차 안 할 것이다. 그건 대단한 오해고 엄청난 착각이었다.

10대, 20대 때를 돌아보면 내 인생에는 30대, 40대가 존재할 거라는 걸 생각조차 해본 적이 없다. 그게 무슨 말도 안 되는 소리라고 느낄 수 있겠지만 이것은 진짜다. 아마 그쯤 되면 내가 존재하지 않거나 세상이 멸망하거나 하지 않을까 하는 마음으로 뒤를 생각해 보지 않고 늘 현재 진행형 인생으로 살았었다.

땅을 덜컥 계약하고 집짓기를 결정했을 때도 단지 카페 같은 집을 갖고 싶다는 일념하였다. 어떤 일이든 무소의 뿔처럼 다가가도 결국 우당탕 결과물을 만들었던 나였기에 가는 길이 힘은 들겠지만 자신 있었다. 아마 30대 초까지의 쫄보 상태였다면 언감생심이었겠지만 그간 다져온

단단함이 나를 강력하게 밀어줬다. 그렇게 다른 사람이 집짓고 10년 늙는다 해도 설마 '나는 안 늙겠지.'가 베이스에 깔려 있었고, 늘 스스로 '운이 좋고 인복이 많다'고 생각한 나는 좋은 건축주들을 만나 단독주택 사는 이야기도 들었고, 예쁜 집의 결과물과 실체를 두 눈으로 똑똑히 확인했기에(내가 본 건 센스 넘치는 건축주의 인테리어였음을 나중에 알게 됨) '저거다!' 한 치의 고민됨이 없었다.

알 수 없는 강력한 믿음이 생긴 건 S 사장의 말빨과 사람 좋아 보이는 인상으로, 처음부터 밥도 먹고 자연스럽게 친해진 점도 한몫했다. 그렇게 공사 구분을 터무니없이 못한 나의 극심한 관계주의적 성향의 막이 올라갔다. 사람이 갖고 있는 장단점. 그중 남들의 장점을 유난히 잘 캐치하는 편인 나. 단점은 누구라도 있으니 장점 또는 강점을 주력으로 일하는 게 중요하다 여기며 평상시 일할 때도 후배들이 가진 잠재력을 이끌어 주고 동기부여도 잘해줬다.(비록 내 머리는 못 깎았지만) 그들에게 잘 듣는 말 중 하나는 "선배님은 저 자신을 특별한 사람으로 만들어줘서 힘이 돼요." 없던 자존감까지 끌어올려 주며 북돋아 주는 건 내 유일한 특기였다. 이는 내가 자존감이 극심하게 없던 터라 비슷한 속내를 잘 읽은 걸 수도 있다.

그러나 이로 인한 치명적 단점, 사리 분별이 떨어졌다. 무조건 좋게만 보는 게 능사가 아닌데 이성적, 객관적으로 판단하는 눈이 늘 부족했고 정에 이끌림이 컸다. 이는 콤플렉스 중 하나였다. 사람들과 곧잘 친해지는 편인데 이 또한 커뮤니케이션이 잘되면 쉽게 믿었고, 모르는 이들의 안 좋은 이야기를 듣더라도 내가 겪지 않은 일은 의심하지 않는 편이었다.

그렇게 S 사장과 '좋은 게 좋은 거다.'까진 아니었지만 쉽게 친분을 쌓은 나는 당장의 자금 지급과 인테리어 부분에만 신경을 과도하게 썼고, 집은 시공사가 다 알아서 '잘 지어주겠지.'라고 믿었다. 정확히 주인답지 못했다.

어느 날부터 공사 도중 S 사장을 여기저기서 찾아오고 전화도 쉴 새 없이 빗발쳤다. 그의 '돈 문제'라는 것을 아는 건 그리 오래 걸리지 않았다. 또 불안한 공사와 더불어 자재 수량들도 추가 오더되었고 견적서에는 필요 수량을 넘기는 것뿐 아니라, 그걸 작업하는 작업자 임금도 포함되었음을 추후에 알았다.

사람마다 다르겠지만 집짓기는 평생 모은 돈으로 단 한 번에 끝날 수도 있는 일이다. 집의 형태 또한 다르겠지만 현재 시세로 건축비 기본 2억 이상은 할 것 같은데 그 돈을 움켜쥐고 현명하게 잘 쓰는 방법에 대해 고민했어야 했다. 다른 사람 집이 아니고 우리가 살 우리 집임에도 하나하나 따지지 못했다. 따진다 해도 그는 어쨌거나 우리보단 훨씬 전문가였다. 전문가들이 전문용어를 사용하면서 경험치가 없는 사람에게 말을 하면 믿을 수밖에 없다. 다른 이의 시선에선 보일 문제도 당사자가 되면 잘 보이지 않았다.

마치 눈뜬장님 같았다. 그와 밥을 먹고 가족사를 듣는 내내에도 인간적으로 느껴진 부분이 있었고, 분명 함께 안타까워한 것도 있었다. 돈에 쫓기는 그를 보며 의심했던 부분이 어느 정도 사실로 확인될까 봐 상호 껄끄러움을 피하고 싶기도 했다. 필요 이상의 충돌로 불거질 수 있는 위험을 감수하기 싫어 방관했고 어쨌든 우리 집은 지어져야 하니깐… '에휴~ 빨리 끝나라 그냥' 하며 집이 빨리 끝나길 그거 하나만 바랐다. 어느 날 드라마 〈스토브리그〉(야구 드라마지만 인생과 인간관계의 여러 상황이 잘 나타난 드라마)를 보다가 주인공의 객관적이고 날카롭지 못한 태도의 상황이 마치 날 보는 것 같았다.

SCENE – 드라마 〈스토브리그〉 상황 일부

오랜 시간 회사에서 인정받는 선배가 나온다. 후배와 동료들은 선배를 전적으로 신뢰하고 존경하고 있다. 어느 날 새로 투입된 중간관리자(남궁민분)가 비리에 연결된 그(존경받는 선배)를 남들 모르는 사이 먼저 알아차렸고, 의심하기 시작한다. 의심을 짙게 파고드니 주변에선(팀장 역할의 박은빈분) 되려 중간관리자에게 뭐라고 했다. "왜 사람을 함부로 의심하시냐! 그는 그럴 사람이 절대 아니다! 내가 겪은 게 있어서 안다."라고 한다. 그는 말한다. "아무런 확인도 없이 그냥 그럴 사람이 아니다? 그게 믿는 겁니까? 그건 그냥 흐리멍텅하게 방관하는 겁니다. 저는 아무 의심도 없는 흐리멍텅한 사람이랑 일하는 것보다는 차라리 명확해질 때까지 의심하고 확인하길 바랍니다. 떳떳하면 기분 나쁠 것도, 무서울 것도 없습니다." 후에 여러 사건들을 계기로 그 선배는 온갖 비리에 연관돼서 경찰서로 잡혀가고 주변 동료 모두 뜨악한다. 인상 깊게 본 대목이다.

나는 집짓기 중간부터 '그가 잘못되었구나.'를 확실히 알았고, 힘들었다. 집을 짓는 동안에 시공사와 건축주의 의견 충돌이나 자금 문제 때문에 공사가 멈추는 경우가 종종 있다고 했고 뉴스에서도 많이 본 대목이다. 그러나 '내 집만은 아니기를. 저건 다른 사람 이야기일 거야.'라고 믿고 싶었고 결국엔 나도 그중에 하나가 되었다. 상량식 때까지만 해도 많은 것들에 감사하다 여겼는데, 와장창 꿈은 깨졌다.

시공사가 못된 갑의 행동은 아니었지만, 어리숙한 척하는 갑이었다. 어느 순간부터는 중간에 다 놓고 도망갈까 봐 노심초사했다. 자재를 사 오는 업체에서도 그를 신뢰하지 못하는 분위기가 몇몇 있었는데, 나중엔 그러려니 했다. 시공사의 이해 못 할 여러 행동은 건축주인 우리만 아는 게 아닌 공공연한 사실이 되었다.

집 공부는 백번 천번 했어야 했다. 내가 상대방의 실력을 알아보려면 나부터 쌓아야 했고 내가 자신이 없으면, 감리 등 전문가에 돈을 주고 맡겼어야 했다. 매 순간이 계약이고 한번 들어가면 걷잡을 수 없는데. 우린 이 사람만 믿은 것이다. 아무 체계 없이 단독 플레이하는 이 시공사 사장을 믿고 신뢰할 만해서 건축을 진행한 나는 후회했다. 남편과 누워서 말한다. "우리가 다시 돌아가면 다른 시공사 업체를 선택했을까?" "아니. 그때 우리가 가진 경험치에서는 그게 최선이었어!"

우린 공부 기간이 매우 짧았다. 업무에 있어서 공사 구분을 못 하고 공부 안 한 나의 대가고 우리의 대가였다. '알아서 잘 해주겠지.'는 이 세상에 존재하지 않는다.

$$(4)$$

집짓기 70%는 설계였다는 걸 알 것

우리가 이 집에서 지낸 지 어느덧 3년차가 되었다. 살아보니 집을 잘 짓는 가장 빠른 방법은 끝까지 잘 구상된 건축 설계였다. 우리 집은 그 시트콤 같은 하자 보수를 겪고 현재도 겪고 있지만 남는 게 '설계'라고 느낄 만큼 설계가 살린 집이다. 그것만 보면 준비가 없었음에도 운 좋게 건축설계사를 잘 만난 것이라 생각한다.

나무를 베는 데 6시간이 주어진다면,
먼저 4시간 동안 도끼를 갈겠다.

— 에이브러햄 링컨

설계사는 오케스트라로 치면 전체 지휘를 맞는 내비게이션 역할이다.

건축 설계에 공을 들이려면 지휘자와 잘 준비된 커뮤니케이션으로 최대한을 이끌어 내야한다고 생각한다. 생전 처음 가는 목적지를 갈 때 내비게이션 찾아가며 겨우겨우 가지만 돌아올 때는 인식된 길이기에 아까 어렵게 찾은 그 길이 맞나 싶을 정도로 금세 찾는다. 모르는 길은 멀게 느껴지고 아는 길은 가깝다고 생각되는 이치다.

설계에 만족하고 사는 우리는 '아, 그때 이것도 미리 해둘걸!'이라고 생각 되는 게 몇 가지 있다. 이를 테면, 창고를 창고처럼이 아니라 집처럼 사용할 수 있게끔 처음부터 계획해 둘걸, 태양광 생각은 왜 못했지, 물 홈통 아래로 물이 빠지려면 하수구 바로 근처로 했어야 했는데, 현관문 위는 무조건 처마를 생각했어야 했는데 등등 좀 지나고 나서 '나중에'라고 미뤄뒀던 일들은 문제로 남았다. 이같이 집짓기 초반에 생각할 거리가 한 보따리인데, '빨리 빨리'만을 쫓지 않을 것이다. 설계에 공을 들이는 일은 마치 세일즈 업무 같다. 초반에 고객과 상품 판매 이야기가 잘 성사되어 기분 좋게 계산대 앞에 섰는데 고객이 가격이 비싸다며 급 딴지를 건다. 이를 막기 위해서 초반에 커뮤니케이션을 빠짐없이 말끔히 해둬야 한다. 심혈을 기울이고 공들인다면 마지막에 가서 울 일이 현저히 줄어들고 10년 아닌 3년만 늙을 수 있다고 자부한다.

'집짓기는 설계로 시작해서 설계로 끝난다'는 말을 더더욱 실감하면서 살고 있다. 설계에 전부를 걸어도 좋을 만큼 첫 단추의 힘이 크다고 믿게 된 내가 다시 집 짓게 되면 공들일 부분 5가지로 나눠봤다.

(1) 가족과의 소통

보통 '집'은 사는 사람의 삶을 닮는다고 들었다. 달랑 3인 가족이었음에도 왜 그리 각자도생이 강한 것인지… 내 생각에 이 세상에서 가장 바쁘신 아버지와 우리 부부는 셋이 나란히 앉아서 집의 구체성을 논한 적이 없다. 서로 이야기하다 보면 삼천포로 흘러가거나 결론이 안 난 상태로 끝이 나는 경우가 허다했다. 핑계를 대자면, 우리는 전문가가 아니었기에 "해 봐야 아는 거지 뭐."였다.

〈각자의 희망사항〉

아버지　편백나무로 두른 집, 소파 아닌 마루에 찜질방 같은 피톤치드
　　　　집 희망

남편　　3평 정도의 반신욕을 호텔같이 여유롭게 할 수 있는 욕실 희
　　　　망, 요리할 맛 나는 주방 희망

나　　　독립 서재 희망, 카페 같은 분위기 희망, 욕실과 세탁실 동선
　　　　이어짐 희망

이 같은 희망을 설계사께 말씀드리고 하나씩 만들어 나갔다.

1층, 2층 각각의 인테리어를 구상하는 건 보통 일이 아니었다. 남편과는 좋아하는 분야가 같아도 세부 취향은 또 달라서 컬러나 자재들에서도 많이 부딪혔다. 또 욕실에 샤워 박스를 만드느냐 마느냐, 대면형 주방을 만드느냐, 나는 나무, 남편은 돌로 강력하게 마당 데크를 희망했다. 모

르고 살 땐 몰랐는데 난생처음 집을 지어보니 내면의 욕구가 각자들 마구 분출했다. 이렇게 창작력이 뛰어난지 각자도 몰랐겠지. '언제 또 이렇게 집 짓겠어.'라는 생각으로 마치 '언제 또 여길 여행 오겠어.'라는 마음으로 일정 빡빡하게 다니면서 사진만 찍고 오는 것 마냥 달려들었다. 결국엔 합의를 잘 봐서 마무리 지은 부분도 있지만 완벽하게 공통분모를 찾지 못하고 '그때 가봐서 하자.'라고 남겨두었던 것들은 다시 뜯고 재작업을 했다. 그중 아버지의 툇마루 형식의 소파가 그랬다. 이제는 거실에 소파를 없애고 툇마루 시공을 희망한 아버지께서는 높이 결정 문제로 고민하셨다. 결과물에 있어 중간 높이로 한 번 했다가 막상 아닌 거 같아서 낮게 재설치했다. 그러다 결국엔 낮은 높이도 애매한 공간처럼 느껴져서 결국엔 다 뜯고 다시 소파로 돌아갔다.

충분히 고민하고 시뮬레이션해 봐야 한다. 이렇듯 급하게 정하면 조화롭지도 못할 뿐더러 돈과 시간을 버리는 경우가 생긴다. 언제나 시작이 중요하고 가족과의 공통분모를 찾아 번복하지 않게 할 소통이 가장 첫 번째이다.

(2) 공간 구성

내가 생각한 디자인이 잘 나올 수 있게 만전을 기해야 한다. 내 콘셉트가 명확하고 정보가 많아야 진정성 있는 조언을 얻을 수 있다. 물론 100%를 다 할 순 없고, 분명 살아봐야 알 수 있는 것들이 있기 마련이다.

그렇게 모든 공간을 완전히 계획한다는 건 불가능하지만, 전체 기초적 시각화는 필수다.

설계에는 총 3가지 단계가 있다.
- **기획설계:** 상담을 통해 집의 전체적인 콘셉트를 정하는 것
- **기본설계:** 콘셉트를 바탕으로 공간을 구성하는 것
- **실시설계:** 마감선과 재료 선정까지 포함하는 것

대략 큰 틀은 이렇게 나뉘고, 세부 사항의 전반적 부분도 건축주 머릿속에 다 이해가 될 만큼 파고 파고 또 파야 한다. 설계과정에서 충분히 수정하고 잘 구상해 두는 것은 나중에 가서 헤매지 않을 뿐더러, 공사비를 아끼는 최적의 지름길이다. 설계에서 가장 중요한 건 추후 시공 과정에서 변경이 거의 없게끔 만드는 것이다. 시공 과정의 변수(일명 이벤트)들이 무척 많기 때문에 불가피하지만, 그럴수록 플랜A를 촘촘히 만들어 둬야 한다.

내가 다시 집을 짓고 설계의 공간 구상 시간으로 돌아간다면, 5차적으로 생각할 것이다.

1. 가족 몇 명이 살지, 몇 평으로 할지, 방이 몇 개이고, 어떻게 사용 예정인지 가족들의 라이프스타일 반영, 방 배치 및 동선의 레이아웃 구성하는 게 우선순위.

2. 이 집을 사람이라고 치면 피의 흐름이라고 할 각종 관(가스, 수도, 에어컨, 전기배선)들을 샅샅이 알기. 전기공사 콘센트 위치, 개수, 조명 위치, 종류, 수량, 외부 전기선(마당에서 할 일들 생각)을 파악하기. 또 각종 가구 배치들을 생각하고 콘센트 위치 빼두는 것은 가장 중요한 일. 주방에 쓰는 가전제품들 냉장고, 정수기, 전자레인지, 식기세척기 등 전기와 싱크대 설비가 필요한 품목들의 전기선 빼는 것도 미리 계획해야 한다. 외부의 전기계량기, 수도계량기, 가스계량기들도 어디 부분에 위치할지도 체크하기.

3. 외부 주차장, 마당, 창고, 옥상, 지붕 처마(햇빛, 비 가림)까지 전부 계획에 넣고, 추후 단독주택 집에 태양열을 넣거나 조경 계획 부분까지도 정하기. 창고는 집 공사할 때 미리 콘크리트를(희망 용도에 따라 다름) 쳐 둬야하고, 창고를 본체 건물과 동일한 지붕을 만들려면 미리 견적에 넣어두기. 그렇게 할 때 해야 나중에 돈이 두 번 안 든다. 비 오면 외부 물 빠짐관 살피기. '우리는 창고, 조경, 주차장, 담장 등 그때 가서 해야지.'가 컸고, 막판에 자금뿐 아니라, 체력적으로 출혈이 컸다. 반짝반짝하지 않은 눈으로 보려니 판단이 흐렸고 그렇게 흐린 판단으로 결정지은 것들은 현재 후회로 남은 상태다. 마치 큰 포부를 안고 다이소 가서 갖가지 정리 용품을 사왔는데 박스들 규격이 제각각 이어서 조화롭지 못한 느낌과 흡사하다.

4. 실시설계 단계에 들어가기 전 가구 및 가전제품의 위치와 크기, 이

사할 물건들과 새로 구입할 물건들 품목과 크기는 필수로 정리해서 설계사에게 공유해 드리기. 내가 아는 분은 집 지을 시, 주방에 원하는 아일랜드 테이블을 설치하지 못했다. 이유는 본인이 원하는 것이 주방 사이즈와 맞지 않다는 걸 집 다 짓고 들어가서 알게 된 것이다.

5. 인테리어 콘셉트 방향에 따라 마감재 정하기. 전체 조화를 생각하면서 준비해야 한다.

내가 1차에서 5차까지 정한 것이 반드시 통용 순서와 정답은 아니지만, 집 짓고 살아보니, 모두가 반영했어야 할 것들이다. **순서는 상황과 건축설계사와의 커뮤니케이션으로 융통성을 발휘할 수 있다.**

(3) 3D 모델링과 건축모형 시뮬레이션

공간 구성을 거기까지 마친 뒤에는 반드시 3D 모델링과 건축 모형 시뮬레이션을 해봐야 한다. 우리는 3D 모델링을 해줘서 공간감을 다 느끼게 해줬고, 실제로도 예뻤다. 사실 저게 현실적으로 진짜 될까?를 보면서도 믿지 못할 만큼 설렜었다. 건축 모형까지 당시에는 생각도 못했지만, 준공 후 주차장 등 마감공사를 하게 되니 아파트 모델 하우스에 가면 있던 건축모형이 떠올랐다. 실제 건물과 유사하게 만들어서 더욱 현실감이 있고, 실질적인 모습 시뮬레이션을 해보면 직접적인 상상과 구상에 더 가까워진다. 이는 말을 하기 위해서는 일단은 글로 써보고 읽으면서 수정하는 것과 비슷한 맥락이다. 미처 몰랐던 부분까지 예측해서 생각할 수 있고 그렇게 파악된 장단점을 이야기하면 소통도 원활하다. 모형에서 막히는 부분이 생기면 건축할 때도 고스란히 반복될 수 있기에 필수적으로 해 볼 것이다.(이 부분은 추가 비용이 더 든다고 알고 있다.)

(4) 기록은 힘이 세다

나는 설계 시점부터 기록을 시작했다. '집짓기 프로젝트'라 거창하게 파일까지 만들어서 했는데 한 달을 못 갔다. 글씨로 적으려니 나중에 분산되고 하루하루 놓치게 되니 그대로 다 놓아버렸다. 부지런한 사람들은 정리해서 유튜브에도 영상 올리고, 데일리 기록을 한다. 존경스러웠다. 양식은 각자 자유겠지만 조금 더 간편하게 온라인에 엑셀 파일이든 노션이든 해서 매일 기록은 반드시 놓치지 않을 것이다.

(5) 연출가란 마인드로 그림 그리기

내가 총 연출가란 생각으로 집의 그림을 그려야 했다. 그림에 젬병이고 뭐고는 중요하지 않으니 모눈종이가 되었던 스케치업 프로그램에서 그리던 편한 방식을 찾아서 해 볼 것이다. 땅의 모양과 특징을 고려해 필요한 공간들의 각 평수도 체크하고 그 안에 전체 구색에 맞춰 붙박이장부터 시작한 가구 배치, 동선들 파악을 그려서 해 볼 것이다. 스스로 그려보고 아니고의 차이가 크다는 것을 배웠다.

집주인은 확고한 콘셉트와 방향을 갖고 실용성을 따져가며 고민하고 또 고민해야 한다!

결론: 무조건 설계에 온 힘을 다해 공들이자! 설계는 공사의 시작이자 끝이다!

⑤

시공사 선택 기준 4가지를 삼을 것

결론적으로 난 시공사 선택에 있어 확실히 망했다. 그것도 폭망! 우리 집은 아직도 진화 중이다. 이게 끝나면 저게 보이고 저게 끝나면 놀랍게도 기다렸다는 듯이 또 다른 게 툭툭 튀어나온다. 집 짓는 일이 마치 인생 같기도 하다.

최근에도 창문에 문제가 생겼는데 우리 집 거실 창문은 집의 시그니처라 할 만큼 크기와 위치까지 완벽하다고 생각했다. 시스템 창호로 방음과 단열이 기가 막혔고 정말이지 만족스러웠다.

그런데 어느 날부턴가 뿌옇게 김이 서리고 별문제 아니라 여겼던 게 반복되었다. 아무래도 수상하다 여겼고 날씨가 급격히 추워져 그런 걸까 했는데 평기온의 날씨인 가을날임에도 뿌옇게 되었다. '이건 또 뭐란 말이지? 아직도 끝나려면 멀었나? 창문 문제의 원인이 뭐지? 어디서부터 또 잘못된 거지?'

이걸 고친다 해도 한방에 끝나는지 또다시 발생할 것인지가 관건. 대체 원인이 뭘까 싶었다. 어렵사리 전화 연결된 창호 사장님, '아! 전화 받아주셔서 감사합니다.' 전화 연결되기가 하늘의 별 따기인 업자 분들이다. 동영상을 보내니 의외의 반응이셨다. "그거 바꿔야 해요~ 유리 밖과 안의 내부 층이 깨진 거예요! 공사 당시 날씨 추운데 공사를 너무 급하게 하긴 했어요~ 진작 가야 하는데 나도 시공사 사장에게 못 받은 돈이 있으니깐 선뜻 맘이 안 내켰어요. 그건 해드려야죠."라시면서 창문 수량 알려주면 바로 고쳐주겠다고 했다. '아뿔싸, 잘못된 걸 바로 인정하고 수긍하네. 처음부터 잘못인 걸 알았던 느낌이다.' 연락이 닿아서 좋아해야 할지 화가 나야 할지. 그래도 다행이라 생각했다. 그런데 그 후 창문 하자 개수가 생각보다 많았다. 전체 수량을 사진과 영상으로 보내드렸더니 너그럽던 창문 업체도 약속을 미루고 연락을 안 받는다. 시공사와 초스피드로 계약서에 도장 찍던 일이 떠오른다. 꼼꼼히 잘 살펴 철두철미의 강력한 시간으로 만들었어야 했는데 우린 그러질 못했다.

시공사 S 사장. 공사가 진행되며 그가 한계에 부딪쳤다는 걸 나도 알고 너도 알 수 있는 부분이었다. 터파기와 구조체 시공 등의 기초 부분에 있어 능력자인 건 맞지만, 전체를 아우르며 최종 마감과 하자 예방 등 디테일한 걸 제시하지 못했고, 그렇다고 그걸 작업자들에게도 잘 시키지도 못했다. 진정한 리더로서의 최종 종합 관리 능력이 부족했다. 다시 집을 짓는다면 집 짓고 사는 일이 어쩌면 인생에 단 한 번뿐일 수도 있다는 강력한 마음가짐으로 신중하겠다.

그리고 총괄 지휘자를 맡아줄 시공사 선정기준 4가지는 반드시 할 것이다.

(1) 회사가 체계 잡혀 운영되고 있는지 확인

우리는 시공사 회사를 먼저 찾은 게 아니라, 잘 지어진 집 건축주를 통해 시공사를 알음알음 알았다. 그 순서에 있어선 지금도 잘했다고 생각한다. 단, 결과물인 집만 단편적으로 보았고, 회사에 대해 알아보려는 생각이 없었다. 직접 가보고 여태껏 잘 축적돼 회사가 제대로 운영이 되는지 각 직무 분야의 담당 사람들이 체계에 맞게 일하는지 살폈어야 했다. 자금 부분에서도 너무 영세한 곳은 피할 것이며, 사무실 분위기와 그들의 대화로 일머리가 있는지 아니면 힘겹고 어렵게 일 처리를 하는지 살필 것이다.

(2) AS 평판을 건축주 통해 밀착 취재

하자 보수는 크게 간과한 부분이다. 어떻게 그 중요한 걸 놓쳤을까 싶지마는 당시 아는 정보에서의 AS는 보일러나 수도 등이 제대로 작동 안해서 그런 세세한 부분들 처리라고만 생각했다. 지금처럼 천장에서 배관물이 비처럼 내리고, 벽에 금이 쫙쫙 가는 일은 꿈에도 내 일이 아닐 거라 여겼다. 많은 사람들이 삼성과 LG를 찾는 이유는 '제품 성능의 확실함 뿐 아니라 AS 또한 수월하고 확실하니 선택하는 것이겠지.'를 더욱 생각하게 되었다. 시공사의 경력을 입증해주는 완성된 건축물은 물론이거니와, 그곳에 거주하고 있는 건축주를 만날 것이다. 떳떳하게 장단점을 잘 말하며, 사후 처리에 관해 스스럼없이 오픈할 수 있는 곳을 참고할 것이다. 그중에서 단열, 가스, 수도관, 전기, 에어컨 설치 등 각종 관들과 외부 마감들에 대해 밀착취재를 할 것이다.

(3) 직접 보고 마감재를 촘촘히 확인

시공사가 공사한 건물의 건축주 이야기도 중요하지만 마감재를 내 눈으로 직접 확인하는 것도 중요하고 이제는 전보다 보는 눈이 생겼다. 살아보니 더 알겠다. 나는 인테리어만 생각하고 집을 지었다는 것을! 예쁜 인테리어는 최후의 일이다. '기초가 탄탄해야 모든 것이 바로 선다.'를 수없이 느끼고 배웠다. 내부에 알 수 없는 자재들은 공사 업자들이 덮어버리면 그만이다. 건축주는 다 알 수가 없다. 믿고 맡기는 시공사가 잘 해줄 거라는 믿음이 중요하지만 각종 기초 작업 시에 건축주는 무조건 가야 한다는 생각이다.

시공사의 작업 건물을 가서 창문과 문이 잘 열리고 닫히는지 실리콘 누락이나 실리콘 시공 불량은 없는지 벽지나 페인트 벗겨짐 체크, 목재 마감 확인, 전기공사(인터폰, 각종 콘센트, 각 방 온도조절기, 보안업체, CCTV, 스피커, 마당 전기선) 내 외부, 타일 마감, 지붕 물받이 처리, 주차장 맞춤 턱, 외부 벽 갈라짐, 틈새 등 깔끔하게 마감처리가 잘 되어 있는지 점검 리스트를 가져갈 예정이다. 만약 진심으로 맘에 드는 곳을 발견했다면, 그 시공사로 결정을 하되, 시공 마감 방식이 괜찮다면 시공사에게 작업자까지 동일한 분으로 희망한다고 말할 것이다.

난 이런 마감 방식이 맘에 들어 선택했는데 시공사와 계약한 또 다른 하청업체(1년차 목수)가 온다거나 하면, 내가 희망한 대로 결과물이 안 나올 수 있다. 개개인마다 실력차가 있듯이 손 마무리는 각양각색이다. 예전에 친척동생 결혼식에 메이크업을 받은 적이 있다. 이모들과 쫘르르 앉아서 각 메이크업 선생님들에게 받았는데 선생님 스타일에 따라 결과물이 달랐다. 모두가 예뻤지만 그럴 때를 보더라도 확실히 실력이 더 뛰어난 사람이 있다. 생김새가 다 다른 것도 있지만, 감각을 아는 분의 손끝은 다르다고 믿는 나다.

(4) 건축 공정을 글로 정리된 플랫폼을 갖고 있는 업체

'글로 홍보만 잘하는 것이 의미 있는 것일까? 실상 더 중요한 것은 말이나 글보다 실력이지 않을까?'란 생각을 갖고 있었다. 물론 실력이 중요하다. 그런데 그 실력이 어떤지 판단하는 것을 찾을 때 우린 우선 인터넷 검색부터 한다. 그곳에 나온 정보와 기록을 우선적으로 찾는 시대에 살고 있다. 업체가 해 온 결과물을 눈으로 확인할 수 있어야만 연락을 취한다. 온라인에서 우리가 업체를 결정짓는 것은 결과물 모습과 댓글들로 증명할 수 있다.

집 천장에 배관 물이 새고 하수구가 막혀서 와주신 전문 배관설비 업체가 있었다. 젊은 남자 사장님 두 분이 오셨고, 일처리가 신속하고 대응도 빨랐다. 중간 중간 사장님께서는 사진을 여러 각도에서 찍으시며 블로그에 올릴 예정이라고 했다. 난 그러려니 했고 마친 후 감사의 음료를 건넸다. 오늘 작업한 내용에 대해 말하다가 그분의 회사 블로그를 보게 되었다. 어떤 기구를 사용하는지와 원인, 과정, 결과와 피드백까지 아주 상세하고 성실한 블로그를 보고 놀라지 않을 수가 없었다. 적어도 100건 이상은 되어 보였고, 사진과 글 정리가 잘 되어 있어 지역 검색하면 언제든 바로 찾을 수 있고, 내용도 풍성 그 자체였다. 사장님은 "저는 하루도 빼먹지 않고 글을 올려요. 가장 중요하거든요. 이렇게까지 만드는 데 오랜 시간이 걸렸지만, 그만큼 홍보 효과가 계속 이어집니다." 나는 이 업체를 급하게 소개받아서 연락했었는데, 업무 처리 결과에 이어 꾸준한 블로그 글쓰기를 보니 더욱 신뢰가 갔다. 이런 분은 일을 못 하려야 못할 수가 없다.

모두가 알다시피 코로나 이후 비대면으로 일하는 경우가 많아지면서 글이 중요하다는 생각이 커졌다. 회사에서도 소통에 있어 이메일을 주고받는 경우가 많았고 매체에서도 글쓰기 관련 책이 대거 출판되었다. 그중 『일 잘하는 사람은 글을 잘 씁니다』라는 책을 접한 나는 백번 천번 공감했다. 글 잘 쓰는 사람은 생각을 정리하고 전달을 고민한다. 잘 쓰인 글 한 편으로 이 사람이 가진 생각과 가치를 파악할 수 있다. 말은 흩뿌려지면 그만이지만 잘 전달된 글은 기록으로 남기에 언제든 찾아서 확인이 가능하다. 배관설비 사장님을 만난 이후로 난 일 잘하는 것에 대해 더 생각한다. 전문적인 업체를 선정할 때 온라인상에 회사의 흔적이 어느 정도 나오고 있는지 SNS 활동이 활발할수록 일을 잘할 수밖에 없다는 것이 나의 생각이다. 아직도 SNS 같은 게 중요하지 않다고 강력하게 주장하는 사람들과는 멀어지고 싶다.

⑥

암호 같은 계약서에 특약 7가지

나는 살면서 보험으로 혜택 본 적이 거의 없다. 물론 실비(*보험 사고가 발생하였을 때, 피보험자가 실제로 부담한 의료비를 보상해 주는 보험)로 그때그때 조금씩 받은 것과 허리 삐끗하거나 목에 담이 걸려 도수 치료 받은 것 등이 있었다. 이렇게 기껏해야 1년에 병원 가는 횟수가 손에 겨우 꼽는 나는 보험료처럼 아까운 게 없다고 믿고 사는 사람이었다.

'매달 보험료 납부할 돈으로 평상시 다른 걸 해서 돈을 더 많이 벌자!'라는 주의에 가까웠다. 해서 보험을 권유하거나 강력한 시각을 갖고 있는 사람들에 대해 피로도가 강했다. 인생의 사고라는 게 생길 수도 안 생길 수도 있는데 꼭 안 생기는 데에 대비를 하는 게 맞는 걸까? 라는 지배적인 생각과 함께. 그러다 집 지으며 강력한 하자를 겪고 나니 건축에서의 보험 장치가 반드시 필요했다는 걸 알았고 문서의 중요성을 뒤늦게 배웠다.

내가 가장 어려워하는 사회적 분야는 핸드폰 살 때와 보험설명 들을 때였다. 정말이지 반복해서 들어도 이해가 안 되는 부분이다. 다행히도 그럴 때마다 야무지게 곁에서 도와주는 남편과 똑 부러지는 친구들이 있었다. 시공사의 계약서를 받는 순간 같은 느낌을 더 세게 받았다. 하얀 건 종이요 검은 건 글씨라…. 어려운 건 당연했지만 모르는 부분이 나와도 깊게 팔 생각을 못했다. 생소하고 어렵다고만 생각했었던 나는 이제 알겠다. **가장 중요한 안전장치는 백 마디 말보다 문서화된 계약서를 근거로 쌍방 확인을 해야 한다는 것을.**

다시 짓는다면 철두철미하게 시공사를 선정하고 견적 계약서 작성 시 주의사항 및 특약사항 파헤치는 공부를 할 것이다. 일단 시공이 들어가고 선금이 입금되는 순간부터는 시공업체가 갑이 되고 건축주가 을이 되는 이상한 상황이 자연스럽게 형성될 수 있음을 직시하고 계약서에 특약사항 7가지를 넣고 최종 도장 찍을 때까지 최대한 심사숙고할 것이다.

사실 이 부분을 적으면서 '너무 당연한 걸 이야기 하는 거 아니야?'란 말을 들을 것도 생각했다. 그러나 누구에게는 당연한 것이 어느 누군가에겐 나처럼 모를 수도 있을 것이란 마음으로 기록했다.

(1) 하자이행보증증권 발급

하자보증기간 내에 발생하는 하자를 업체가 이행 안 할 경우 고객이 입게 되는 손해를 보험 회사에서 보증해주는 보험. 건축주가 보수 청구하고 발생된 비용을 시공사 앞으로 청구권이 갈 수 있도록 하는 장치다.

'설마하니, 집에 하자 생기면 당연히 와서 고쳐주겠지! 이렇게 매일 같이 얼굴 보고 지냈는데 안 오겠어? 계약서에도 다 썼잖아.'라고 생각했던 나는 휴지 조각이 돼버린 계약서를 보고 있었다. 단독주택 집의 하자는 짧게는 2~3년, 길게는 5~6년 안에 소소한 문제들이 발생한다고 하고 업체에서 인증하는 기간에 하자가 생긴다면 무료로 서비스를 받을 수 있겠으나 그게 아닐 수도 있음을 난 온몸으로 겪은 것이다. 하자 보수 관련은 가장 중요하다고 믿는 특약사항이다.

(2) 계약이행증권 발급

계약보증서: 계약당사자인 건축주에게 시공사가 계약보증금 전체를 보증하는 증권. 만약 공사 도중 시공사의 계약 불이행 또는 시공사의 부도 등이 발생하면 시공사에게 받은 보증서로 건축주는 보증 금액을 돌려받을 수 있다. 따라서 건축주는 미리 시공사를 통해 건설공제조합으로부터 계약보증서를 받아놓아야 한다. 이렇게까지 필요할까 싶기도 했지만, 기본적인 것도 문서가 중요한 걸 알았기에 하자이행보증증권과 함께 중요한 부분이다.

(3) 잔금 10%, 치르는 기준과 시기

우린 약속되지 않은 잔금을 미리 지급했었고, 그에 따른 문제들이 잇달았다. 보통 잔금 지급은 업체마다 상호 조율함에 따라 다르지만 추후 하자 보수 처리에 소홀함을 대비해야 한다.

완공이 되었다고 끝이 아님을 절대적으로 알기에, 계약 전 시공사와 완공 후의 체크리스트 문서를 미리 작성해 서명을 주고받은 후 보관해둔다. 완공 후 주요 체크 점검(구배, 들뜸 현상, 균열, 타일등의 건축물 마감/ 보일러, 수도 배관, 전기등의 각종 설비)을 감리자 또는 현장 대리인과 함께 마친 후, 지급하는 조건으로 계약하겠다.

(4) 기성금은 감리자 확인 후 지급

공사 단계별(기초, 골조, 내장, 외장공사 등등)로 공정이 끝나면 감리자에게 공사 진행률 확인 후 기성금(공사 대금)을 지급하겠다. 기성금 일정은 시공사가 본인 방식으로 적는데 기억을 더듬어보니 당시에 천재지변으로 변동사항도 생기고, 일정이 바뀌는 경우도 종종 있었다. 일정이라는 건 매번 완벽한 스케줄로 갈 수는 없으니까. 그럴 때 중도금 형식의 기성금을 내는 부분이 혼란스러웠지만 다음 공정에 필요한 부분이니 의심 없이 내밀었었다. 가장 확실한 방법은 제3자의 전문가인 감리자 도움을 받을 것을 미리 특약에 알릴 것이다.

(5) 각 공정별 체크리스트를 문서화해서 공유받기

각 공사 공정별에 따른 체크 포인트 서류를 요청할 것이다. 시공사가 시공 시 중요 부분을 건축주에게 문서화 된 것으로 보여주며 설명하고 전체 진행 프로세스와 작업 방법들에 대해 꼼꼼히 설명을 들을 것이다.

(6) 현장에 CCTV 설치와 영상 촬영

매일 현장으로 갈 수가 없기에 CCTV를 설치할 것이다. 잘못 생각하면 기분 언짢을 수도 있겠으나 당당하면 마음 상할 일 없지 않을까? 조심스럽지만 잘 통하게끔 말할 것이다. 또 공사 진행 모습을 사진보다는 동영상 촬영을 더 많이 할 것이다. 이왕이면 동영상에 내 목소리로 공사 상황 설명하는 모습이 나오면 기억하기 좋으니 그렇게 기록을 담을 것이다. 시공사에게 미리 양해를 구하고 지금 공정 모습 기록 영상을 온라인에 올려 회사 홍보도 함께할 것이라고 미리 말할 것이다.

(7) 금일 작업 공유

매일 작업장을 가볼 수 없어서 CCTV 설치도 해두겠지만, 금일 목표에 해당하는 일정을 전달받을 것이며 건축주가 부재중일 때는 자재 입고 시 넘버링 사진도 받을 것이다. 우리 시공사도 처음엔 했었으나, 마지막에 가서 흐지부지했다. 일하는 방식과 방법을 알 수 있는 중요한 특약사항이다.

이 특약 7가지가 포함된 견적서를 가지고 최종적으로 법률전문가를 찾아 작성한 것을 검토받을 것이다. 이것까지가 되어야 완성이다. 물론 돈은 들겠지만, 이는 결국 돈을 더 아끼는 방안임을 알고 있다.

5장

집 지으며
재발견한 인생

$$\textcircled{1}$$

의미 없는 경험은 없다

만약 그때 남편과 동네 밤 산책을 하면서 단독주택 집들을 못 봤더라면? 주택 집 시세를 부동산에 안 물어봤더라면? 집짓기를 할 수 있었을까? 평소에도 집 짓고 사는 것에 대한 꿈은 크게 없었다. 아주 막연히 언젠가 집 짓고 살면 좋겠단 생각뿐이었고, 스벅에 다니면서 스벅 분위기에 취해 카페 같은 집에 살고 싶었다.

그런데 부동산에 가서 매물 주택을 구경 갔던 그날! 그 언젠가란 생각이 '지금도 가능하겠는데?', '안 되나?', '일단 해보자! 일단 물어보자! 지금 해 보자! 안 되면 말고.'라는 확신의 돌진을 했었다. 염원하고 상상만 했던 카페 같은 집짓기. 그것이 기가 막힌 타이밍에 적당한 돈과 상황과 여유시간이 절묘하게 맞아떨어진 것이다. 평소에 이런 생각 자체가 없었더라면 기회가 왔어도 그냥 딱 거기까지였을 테지만 나는 그 시간과 기회를 낚아챘다. 집 짓고 3년차가 되니, 그날의 행동으로 주변 환경뿐 아니라 나를 둘러싼 많은 것들이 나비효과처럼 변했다.

행운을 원한다면 과정에 뛰어들어라,
과정이 있어야 당신이 원하는 사건들이 벌어진다.

— 엠제이 드마코 『부의 추월차선』

당시 고생했던 기억은 크고, 시트콤 같이 웃픈 현실은 현재도 이어진다.

담벼락에 얼룩진 백화 현상(*콘크리트 가용성 물질과 콘크리트 주변에 존재하는 수용성 물질이 수분과 함께 관통 균열이나 몰탈 등을 통해 공기 중의 탄산가스와 반응해 석출된 흰 색깔 물질), 주차장 바닥에 얼음이 '꽝꽝' 얼어 염화칼슘을 뿌렸는데 전체 균열, 시간이 흐르고 녹슨 주차장 철문, 창문 성에, 햇빛을 직방으로 맞아 떨어져나간 문의 나무 파편들, 외부 전기 누전 등 갖가지 손볼 곳들이 마르지 않는 샘물처럼 솟아난다.

좋은 우리만의 공간을 얻은 만큼 그만한 고충이 뒤따른다는 것도 알았다. 우리는 남들에 비해 좀 세게 맞은 것 같긴 하지만.

그러나 집짓기는 백번 천번 잘했다는 생각이다. 죽기 전에 이런 능력을 쌓을 수 있는 자체로 의미가 크다. 문제가 생기면 무조건 전문적인 사람 부르는 게 일인 나에게 남편은 "왜 거기다 돈을 써, 우리가 할 수 있는 일인데." 사람은 자기 경험만큼 배운다. 부부는 성장하고 있었다.

학창시절 때부터 만난 친구들이나 주변 지인들은 집짓고 사는 것에 종종 놀란다. 어느 날 갑자기 '짠'하고 집짓고 사는 것 같지만 집짓는 경험을 한 것은 내게도 큰 용기였고 준비였다. 돌이켜보면 집을 지은 것도 책을 통해서인 것 같고, 그 이전엔 스타벅스 카페 출퇴근을 통해서였기에 가능했다고 지금도 생각한다.

'인생의 모든 경험은 어떤 형태로든 언젠가는 빛을 보게 되거나 작더라도 반드시 쓸모가 있다', '어떤 경우에도 쓸모없는 경험은 없다'라는 경험의 가치에 대해 다시 되새긴다. 조금이라도 나 스스로 어떤 분야에 소질이 있다고 느끼거나 주위에서 조금이라도 칭찬을 받는 분야가 있다면 그게 뭐가 되었든 한 번쯤은 시도하는 걸 추천한다. 왜냐하면 내가 했기 때문이다. 남과의 비교에 쓸모없는 인간이라며 자존감을 깎아먹고, 어떤 일을 해도 끈기 부족으로 끝마무리가 안 되었던 사람. 그게 나였기 때문이다. 비록 이 집은 완성형 집이라 할 순 없지만, 그간의 성장으로 앞으로는 '고치며 살 수 있다.'란 생각을 한다.

서른한 살 첫 자취생활을 하면서 내 원룸을 꾸민 한 컷이 인테리어 플랫폼 (ggulhouse #꿀하우스)에 실리게 되면서 '내가 이런 걸 좋아 하는구나', '은근 아기자기 했구나'를 난생처음 알게 되었다.

그때를 발판 삼아 인테리어 책도 즐겨보고 손재주는 전혀 없지만, 호기심이 일어 국비 지원 무료교육으로 목공도 조금 페인트도 조금씩 기웃거렸던 것 같다. 그렇게 배운 목공으로 지인 결혼선물로 작은 협탁을 만들어준 적도 있었다. 또 지금은 목공에 대해 보는 것으로 만족하지만, 그때 배운 페인트칠은 색상에 대한 매치와 배치의 감을 조금씩 익혔다. 덕분에 집 지으면서 보일러실과 방 군데군데 페인트칠 손보는 데도 도움이 되었다. 또 집을 짓고는 회사에서 '코로나 시기에 집콕을 하면서 나만의 의미 있는 일'이란 주제로 회사 매거진에 글과 사진 인터뷰가 가능한지 연락을 받았다. 나는 집콕을 하면서 단독주택 집짓기란 내용으로 실렸다. 안 해본 일 또 한 가지가 추가된 것이다.

지금은 또 글이라는 걸 쓰게 되었다. 단 한 번도 내 인생에 글과 가까워질 거라고 여긴 적이 없었는데 인생이 어찌 흐를지 모르는 대목이다. 집 짓는 일이 어찌 보면 글 쓰는 일 같다.

집을 지을 때 큰 기둥을 세우고 전체 틀을 구성하고 그 안에 세밀한 작업들을 속속들이 해나가듯이 글쓰기도 생각나는 대로 막 쓰는 것 같지만 기승전결이 존재한다. 또 하나의 인생들이다.

애매한 성공들이라 할 수 있겠지만, 난 실패하진 않았다. 집의 실체는 존재하지만 집 하자 문제들은 살면서 앞으로도 발생할 것이고 집과 함께 나이 들며 보살필 것이 한두 가지가 아닐 거다. 여태껏 그래왔듯이 우당탕 그러나 조금은 성장한 지혜로 헤쳐 나갈 것이다. 어디 멀리 가지 않더라도 나를 보면서 인생은 단 한 순간의 어떤 것으로 결정되거나 판단되지 않는다고 느꼈다. 흘러가는 과정 중에 하나씩 쌓고 있는 지금이 좋았다. 살면서 또 어떤 경험들이 어디로 데려가 줄지 기대해 보며, 일단 해보고 좋으면 계속하고 재미없으면 그만이라는 마음으로의 자신감을 얻었다.

'아무것도 시작하지 않으면 아무것도 시작되지 않는다! 절대적으로 중요했고 그럴만한 충분한 가치가 있었다. 당시에는 힘들었지만 그 축적된 시간이 결코 헛되지 않았음을 확신한다!

> 경험을 현명하게 사용한다면
> 어떤 일도 시간 낭비는 아니다.

> — 오귀스트 르네로뎅

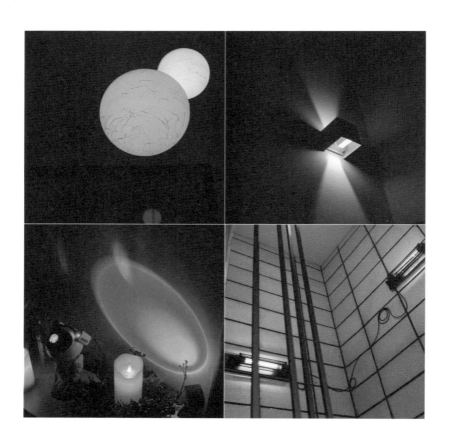

스벽 출근하다 집으로 출근합니다

$$\textcircled{2}$$

신속한 결정이
나이스하다고 착각했다

물건을 사는 사람의 유형 2가지가 있다.

첫 번째는 꼼꼼하게 이거저거 다 비교한 뒤 최선의 결정으로 사는 타입, 두 번째는 그냥 적당히 대충 사는 타입. 그중 난 확실하게 후자다.

구매 결정이 빠르고 충동적이다. 물건을 살 때 비교하는 시간처럼 아까운 게 없다고 생각했다. 설령 지금 순간적 판단으로 구매한 것이 비싸다 해도 그럴만한 이유가 있겠지 했다. 돈을 더 주고라도 시간과 노력을 허비하고 싶지 않았다.

고민은 배송을 늦출 뿐이라며 알고리즘으로 갑자기 튀어나온 것들에 애정을 쏟는다. 생각지도 않은 물건이 지금 이 순간 세상에서 가장 필요한 물건으로 둔갑한다. 망설이는 찰나도 있지만, 손가락은 이미 결제 버튼을 누르고 난 후다. 구매한 물건의 성공확률은 80%에 가까웠다. 큰 불

평 없는 성격도 한몫했겠지만, 만약 실패해도 귀찮은 반품 대신, 필요한 사람 주면 된다는 철부지 마음이 평생 함께 했다.

결혼할 때 입은 살구빛 한복도 5분 만에 골랐고, 첫 독립 원룸 집도 두 번째 집 보자마자 "아까 그 집" 하고 바로 계약하러 갔다. 30분도 채 안 걸렸다. 맘에 드는 걸 보는 순간 어차피 거기에 꽂혔기에 다른 건 보이지도 않았다. 속전속결로 해도 결혼식 마친 뒤 한복 문의를 3명이 했었고, 첫 원룸집에서 꾸미고 사는 삶은 인테리어 플랫폼에 실릴 만큼 나름 인정받았다. 이런 나의 신속한 결정들이 나이스한 성격과 눈썰미를 증명한다고 여기며 나름 자신만만했었다.

그런데 집을 짓게 되면서부터 신중치 못한 급한 선택들은 돈과 마음과 체력을 모조리 소진했고 나름 폭망한 결과들이 줄줄이 이어졌다. 당시에는 많은 것들이 흐르듯이 잘 지나가서 마냥 신났다. 그러다 내가 천천히 뜨거워지는 끓는 물 속 개구리였음을 알았다.

가장 큰 실수는 어설프게 공부했다는 것이다. 정보를 모르니 제대로 된 질문을 할 수가 없다. 남편을 의지하고 전문가를 의지한다. 깊이 알아보지 않고 쉽게 결정한다. 그가 사실 전문가가 맞는지 또한 의심하지도 않는다. '맞다고 하니 맞겠지.'라며 나의 감만 믿고! 또 계약서도 제대로 볼 줄 몰랐고 문서의 중요성은 더욱 몰랐다. 동네 가서 쇼핑하는 것이 아니라, 인생에 있어 다시없을 가장 큰 물건을 샀음에도 대출이 있으니 열심히 일하면 된다고 생각했다.

일일이 따져보고 비교해 보는 게 번거롭게만 여겨졌다. 또 매 순간의 선택들에 질려 결정 장애로 나중에는 대충 '에라 모르겠다!'하고 냅다 결정했다. 그것들 모두 후회로 남았다. 담장이 그렇고 창고가 그랬다. 또 주차장도 안타깝다.

결론적으로 신중히 생각지 않은 대가는 2배의 시간과 돈, 에너지 모두가 다시 필요하다. 또 이사 후 재공사를 하면서 비닐을 쳤던 두 달여 시간. 좀 더 생각했다면 짐을 다른 곳에 맡기고 공사한 다음 들어왔을 것이다. '당시엔 그게 최선 이었다!'란 말을 쉽게 내뱉는다. 나를 옹호하려는 입장인거다. 더 최선으로 하려면 평소에 부지런히 내공을 쌓고 공부했어야 했다. 그랬더라면 그와 공사한 부분까지만 진행하고 거기서 헤어졌어도 되었다. 또한 잔금 일부를 그에게 넘기지도 말았어야 했다. 꼬리에 꼬리를 물고 온통 실수투성이만 생각난다.

늘 소 잃고 울고 있지만, 그 사이 외양간을 고치지 않고 또 반복하는 나였다.
그렇게 당시는 시공사도 최선으로 골랐다 느꼈지만 한 달 만에 땅을 사고 정보 없이 여기저기 바로 알아본 것도 문제였다. 기초 하나 없이 무작정 '부딪쳐 보자!'로만 밀어붙였다. 당연한 걸 간과하였다. 그렇게 시행착오라는 미명 하에 내지 않아도 될 수업료와 여러 기회비용을 날렸다.

그러나 그 실수와 실패의 경험이 없었더라면 난 죽었다 깨나도 모를 거고 아직도 나 잘났다고 우겼을 것이다. 그러므로 잘 실패한 것 같다. 나는 이제 모든 것에 바로 대답하지 않는다. "일단 알겠어."로 말하고 시간을 버니 전보다 충동도 줄어들고 있다. 계획 없이 빠르게 돌진하기보다는 방법을 고민한다.

이제 난 신속한 결정이 나이스한 건, 회사에서 단체로 중국집에 가서 음식 시킬 때나 해당되는 일이라 생각한다.

스벽 출근하다 집으로 출근합니다

③

나를 귀하게 여기기 시작했다

결혼 전 식생활은 인스턴트와 포장음식이 대부분이었고 뭘 만들어 보려고 생각해 본 적이 없었다. 음식 만드는 것에 취미도 없었을 뿐더러 귀찮고 그 시간이 아깝다 여겼다. '음식은 사먹는 거!' 내 인생의 진리였다.

30대 중반에 운명처럼 만난 남자친구는 요리를 잘했다. 자취 10년차인 그는 요리를 즐겼고, 우리의 데이트 코스는 시장에서 장을 보고 요리를 해먹는 수순이었다.

간단한 떡볶이 이런 차원이 아니라 찜닭을 하고 파스타를 즐겼다. 대게를 택배로 시켜 큰 솥에 찌고 꼬막을 쪄서 하나하나 까먹었다. 갈치조림이나 매운 갈비찜 등도 손쉽게 해먹었다. 나에겐 큰 맘과 거대한 용기가 필요한 일이 그에겐 자연스러웠다. 먹는 리액션이 최고인 나로 인해 그때 실력이 많이 늘었다고 했다.

남편은 냉장고 한번 쓱 열면 이미 머릿속에 순서와 레시피까지 계산이 끝나 있었다. 어느 날 생라면을 즐겨먹는 나를 보고 남편이 놀라했다. 차라리 끓여 먹으라면서 라면을 내 키 안 닿는 곳에 숨겨두고 밥을 해줬다. 그 점에 반해서 결혼까지 이어진 걸 수도 있다.

결혼 5년 차에 접어들고 집을 지은 지금의 우리에겐 키친 스튜디오 같은 주방이 생겼다. 또 나는 그사이 정성을 담아서 예쁘게 먹는 즐거움을 알았다. 혼자 있을 때도 정리된 식탁 위에 좋아하는 나무 트레이를 두고 조용히 아름답게 차려 먹으려 한다. 홀로 먹는 날에도 대충 차려 먹을 때와 하나를 먹더라도 예쁜 그릇에 담으면 마음 자체가 달랐다. 학창시절 절친한 친구는 집 냉동실 칸에 남아 있는 삼겹살 다섯 점을 갖고 상추를 씻고 밥을 지었다. 고추와 마늘, 쌈장까지 딱 준비해서 사이다와 함께 한 상 먹는 걸 보고 정말 존경이 일었다. 그게 과연 가능한 일인 건지 싶었는데 마흔이 넘은 지금도 그녀는 음식에 대한 진정성이 남다르다. 이렇게 남편과 주변에 음식에 진심인 지인들을 보면서 나도 자연스레 건강한 영향력이 스며든 것 같다. '잘 먹고! 잘 자고! 잘 싸고!'가 살면서 중요하지만 특히 잘 먹고의 '잘 먹다'가 어떤 의미인지 더욱 알게 되었다.

혼자서 먹는다고 씻지도 않고, 머리도 빗지 않은 채 비닐 째 싸여 있는 음식을 그냥 먹지 않는 일, 깔끔한 모습으로 일회용품이 아닌 도자기(나는 잘 만들어진 접시를 도자기라고 부르곤 한다.)에 음식을 담아 먹는 것만으로도 식사에서 얻는 만족도가 달라진다.

스스로에게 예의를 지키는 아름다운 식사 자리를 갖는다.
어떤 상황에서도 자신에게 험한 행동을 하거나 함부로 대하지 않는 것이
자존감을 높이는 일에 도움이 될 것 같다.

— 신미경, 『뿌리가 튼튼한 사람이 되고 싶어』

　내가 좋아하는 작가 글이 크게 와 닿았다. 집에 혼자 있으면 으레 게으르고 마구잡이로 대충 먹는 게 일상다반사였던 내가 이젠 시간과 공을 들인다. 이렇게 혼자서 잘 먹는 연습을 해두니 인생이 더 풍요로워진 기분이고 손님을 초대할 때도 이어졌다. "너희 집에 오니 대접받는 기분이다~"라는 말을 종종 듣게 되었고, 거하게 뭘 특별히 하지 않아도 마음이 가닿은 것 같았다. 오늘도 야채부터 씻으며, 나만의 식사 테이블을 세팅한다.

$$\textcircled{4}$$

아버지라는 챕터를 배우다

주말 아침 남편과 산책을 가려던 찰나 마당에 잡초들이 스멀스멀 피어오른걸 보았다. "몇 개만 뽑고 가자!" 그렇게 주저앉아 뽑기를 15분이 지났다. "몇 개라며!" 한 번 하면 끝을 보는 남편과 오늘 조금, 내일 조금 하는 나의 일하는 방식의 온도차. 난 할당량이 끝났다.

1층의 아버지 집에선 방충망만 해두고 나무 데크와 연결된 창문을 활짝 열어두셨다. 들려오는 TV 소리와 나무 도마의 칼 소리, 그리고 아버지의 노래 흥얼거리는 소리 세 가지의 하모니를 듣자마자 안심되는 기분이 든다. "오늘은 뭘 해 드시나~?"

주변에서 많이들 묻곤 한다. 1층에 아버지가 계시면 식사를 늘 차려드리는지에 대해. 놀란 나는 "네? 아니요. 자주 뵙지도 못 하는데요~", "아니, 그래도 아버지 밥은 차려 드려야지." 그들에게 비친 나는 불효자임이 분명하다. 속으로 '우리 집에서 아버지가 음식 제일 잘해 드시는데' 아버지는 내 주변에서 가장 바쁜 분 베스트 3위 안에 드신다. 아직도 저 연세에 그게 가능할까 싶지만 젊은 시절 본인의 인생을 일에 갈아 넣으시며 노년의 현재는 친구분들과 본인만의 시간을 크게 가지신다. 아니, 노년보다 중년이라고 앞으로도 10년은 더 생각하실 그런 분이다. 살아보니 나의 얽매이지 않은 성향 또한 아버지를 많이 닮아 있다.

그래서 우리 가족 모두는 각자가 자유롭다. 한 집에 산다고 늘 뭘 같이 하고가 아니라 각자 삶에 집중하다가 주 1~2회는 맛있는 걸 만들어 먹기도 하고 뒷산에 오르기도 한다. 그렇지만 그걸 꼭 정해두고 살지 않기에 구애받지 않는다. 서로를 너무 못 봤다 싶을 때도 있는데 1층에서 아버지의 흥얼거리는 노랫소리와 2층의 발소리와 오디오 음악소리로 서로를 알 수 있다.

그리고 각자 장을 보고 맛있는 건 꼭 두 개씩 사서 나눠 현관 앞머리에 둔다.

쿠팡에서 다채로운 주문을 잘 하시는 걸 보고 '뭘 이렇게 많이 사신 거야?' 하다가도 '나보다 나으시네~'란 생각을 한다. 시대에 발맞춰 가는 아버지가 계셔 좋았다. 또 아버지와 남편은 각각 요리 부심들이 있어서 고기 구울 때도 서로 더 맛있게 굽겠다 하며 집게를 놓지 않았다. 오늘 만들어 내려드린 닭볶음탕은 이틀 뒤 더 칼칼한 닭볶음탕으로 올려 받았다. 중간에서 나만 노났다.

지금의 자연스런 행복에 이르기까지 시간은 좀 걸렸지만 나름 평화가 온 집이다.

집 짓다 사라진 시공사 S 사장에 대해 누구보다 할 말이 많으실 아버지지만 "옜다, 그렇게 살아라. 어디 가서 밥벌이하기 힘들 거다. 남한테 그렇게 하고 편히 잠이나 잘 수 있겠냐?" 하신다. "너무 편하게 잘 잘 것 같은데요." 남들은 고소도 하고 직접 찾아가서 가족들을 만나고 수십 통의 전화를 하고 그가 일하는 곳을 찾아가 어떻게든 돈을 받으려 했다. 우리 가족은 그러질 못했다. 안 했다. 당하고만 사는 게 익숙한 건지 아님 해도 의미 없을 거라 생각한 건지.

아버지는 평소에도 본인이 빤한 손해를 보더라도 이미 다 알고는 계시지만 겉으로 내색하지 않으신다. "쟤가 오죽하면 저러겠냐. 놔둬." 자선사업가 납시셨다고 딸은 옆에서 난리를 피지만, 아버지는 평생을 그런 분이다. 남 거절 못하시고 '손해 좀 보면서 사는 게 결국엔 다 얻는 거다.'라는 인생철학을 가지신 분이다. '좀 안 그러셨으면 좋겠다!'고도 생각하지만 아버지가 살아온 세월과 그 뒤에 가려진 수많은 진심을 난 알지 못한다. 겪지 않은 경험들을 함부로 말할 수도 없다. 그런 아버지를 있는 자체로 이해해드리려 한다. 하지만 힘들 때도 많다. 그런 덕분인지 아버지 주변엔 늘 사람들이 많다.

같이 살게 되면서 거의 처음으로 알게 된 아버지의 모습이 있었다. 아무리 약속이 많고 과음을 하시더라도 매일 아침 7시면 기상하시고 정확히 8시에 출근하시는 점. 아침 이부자리는 항상 정돈. 밥 한 끼를 드시더라도 절대 대충은 안 드신다는 점. 그리고 운동을 매일 하셨다.

'와 이거 책에서 보던 스몰 스텝인데~ 우리 아버지가 이러셨다고?'

거의 40년 만에 처음 알게 된 루틴 왕 아버지 모습이다. 작심삼일 인생으로 하루가 멀다 하고 규칙이 무너지는 나에게 다소 놀라운 일이었다. 그래서 단단하신가보다. 아버지로서의 시선이 아닌 한 인간으로서 존경스러웠다.

함께 사는 집 공간이 생기면서 지난날 몰랐던 서로를 더 알아간다. 그러나 함께 있으면 5분도 깊은 대화를 하기 힘들고 대면보다 통화가 편한 부녀. 어느 날 우연히 친구분들과 하는 이야기를 뒤에서 듣게 되었다. 내가 없는 자리에서 나의 칭찬을 하고 계셨다. '아, 우리 아버지도 저런 걸 하실 수 있는 분이구나.' 나만 보면 '속 터진다.'라고 하는 아버지는 철부지 40대 딸을 츤데레처럼 챙기셨다. 난 아버지께 그런 존재였다.

최근 종합 건강검진을 하신다 하셔서 예약을 알아봐 드리며 지난번 검사 결과지를 확인했다. 그곳엔 앞으로 수명 연령이 적혀 있었고 17년이 남아 있었다. 숫자를 직관적으로 보니 어떤 선고를 받은 기분이었다. 아버지와 오랫동안 함께했으면 좋겠다.

스벽 출근하다 집으로 출근합니다

⑤

취향 확고한 마흔이 되다

─ 타인의 취향

부부는 산책을 한다. 오랜만이다. 지금도 집 주변에 공사하는 집들이
많다. 처음 이 동네에 땅 구경을 왔을 때 빈 공터가 수두룩했는데 어느새
속속들이 채워졌다. 첫 단독주택을 대할 때와 감회가 남다르다. 당시는
주택 집 자체가 놀라웠는데 지금은 더욱 다양한 스타일의 집이 생기고
있다. 특히 내가 유심히 보는 것들은 마당, 담장과 주차장이다. 외부 마
감재를 무엇으로 했냐도 중요하게 생각한다. 사람은 본인 경험만큼만 보
인다. 새로운 게 생겨날 때마다 보는 즐거움이 크고, '아! 나도 저거 해보
고 싶다. 저런 방법이 있었네!' 하고 아이디어를 기록해 둔다.

그런데, 지날 때마다 놀라운 집 한 채가 있다. 토지비가 무색할 만큼
건축비를 극소화해서, 약간의 통나무가 섞인 창고형 느낌의 집이다. 담

장과 마당 또한 전문 업자를 시킨 느낌이 아니라, 본인이 하나씩 꾸려간 형태다. 조금씩, 혼자서, 천천히, 아무 구애받지 않고 완성하는 집. 완전한 거주가 아닌 주말 동안만 다녀가는 집인 듯 보인다. 밖에는 햇빛을 쬘 작고 아담한 테이블 하나와 의자 2개가 놓여 있다. 이토록 간단하게 만들다니.

이 단지의 토지 비용은 정해져 있고, 내 기준에 결코 적지 않은 금액이다. 나는 그분의 철학을 절대 따라갈 수가 없다. '스스로가 좋아하는 것을 취향으로 만든 사람은 행복하다.'라는 말이 떠오른다. 공간이 품고 있는 건축주의 뚜렷한 가치관과 마인드가 고스란히 전해져 건축주를 한번 만나 뵙고 싶다는 생각을 하며 집으로 돌아간다.

– 결국 내가 좋아하는 것

가장 좋은 건 아침에 눈 뜨고 거실로 나가는 것이다. 뻥 뚫린 창문들에 비치는 산과 나무들의 모습 하나만으로 에너지를 받는다. '인생이 아름답다.' 여기게 되고 감사한 마음으로(늘 그런 것은 아니지만) 충만해진다.

창밖으로 본 풍경의 모습은 어쩐지 내게 친정엄마와 남편과 셋이서 처음으로 갔던 여행지, 경기도 가평의 펜션을 연상케 한다. 그 당시 분위기, 공기, 날씨 느낌, 설레는 마음, 장모와 사위의 어색하면서도 부끄러움 타는 장모에게 넉살 좋은 사위의 장난스러운 상황들이 한방에 떠오른다. 커피와 함께 재즈 음악들로 시작한다. 또 나의 명예의 전당엔 주옥같은 가수인 윤종신, 성시경의 따사롭고 감미로운 음악들이 뒤이어 흐른다. 간단한 아침을 준비하고 출근 전 남편이 가져갈 아이스 아메리카노를 텀블러에 담는다. 이 모든 과정이 자연스럽게 이어지기까지 얼마만큼의 시간이 걸렸을까? 평온한 이 아침을 만끽하기까지의 우리의 노고를 생각하면 평생 서로를 아껴주고 큰 소리 안 내며 친절한 부부 사이로 남을 것만 같다. 현실은 아닐지언정. 또 집 공간 공간마다의 다른 콘셉트들이 새로운 기분을 준다. 코로나 시국의 부부는 사회적 거리두기에 발맞춰 집에서도 잘 지켰다. 커진 집 크기만큼 각자 놀 공간이 좋아서 그 속으로 파고들었다. 나는 서재로 남편은 창고로 운동하러 내려간다. 구애받지 않으며 서로를 존중하는 시간이 의미 있고 자유롭다. 불안정했던 많은 일들이 지금의 편안함으로 엮어지는 기분이다.

마치 단점이 많은 사람이긴 하지만 그럼에도 특출 나게 잘하는 두 가지로 모든 걸 덮어버리는 사람! 이 집은 그런 집이다. 내가 뭘 좋아하는지 알았더니 삶이 더욱 풍성해졌다. 각자가 좋아하는 것을 좋아하는 일은 분명 축복이다.

스벽 출근하다 집으로 출근합니다

6

문제는 집 크기가 아닌
삶의 ○○○ 크기

드디어 '내게 강 같은 평화가 왔다'고 생각했다.

- 밝은 햇살 맛집
- 4계절을 눈으로 즐길 수 있는 집
- 강력한 개방감을 자랑하는 거실이 큰 뷰 맛집,
- 24시간 365일 내 맘대로 뛰고 쿵쿵 걷고 음악 크게 틀어놔도 누가 뭐라 않는 집
- 식물을 많이 들여서 사랑스럽고 따스한 집
- 수납 공간을 여유 있게 만들어서 잡동사니 잘 숨기도록 만든 집
- 백화점 화장실처럼 클린하고 음악이 흐르는 집
- 마당이 있어서 캠핑처럼 놀고 바베큐나 석화구이 등 맘대로 먹을 수 있는 집
- 집 앞에 가로등이 줄지어 서 있어 밤에도 가로등 불빛으로 환한 집

- 좋아하는 사람들 잔뜩 초대하고 즐겁게 놀 수 있는 집
- 미니 텃밭에 쌈을 심을 수 있어 채소 값 덜 들어서 좋은 집
- 꿈꾸던 개인 서재가 생기고 독립적 공간으로 방해받지 않는 집
- 에어비앤비 또는 펜션 느낌으로 여행 와서 잠시 쉬다가는 느낌의 집

집을 짓고 좋은 걸 이리도 잔뜩 얻었다. 이게 우리 집이 맞나? 싶을 정도로 하루하루가 감사했다. 그러나 사람은 적응의 동물이다. 금세 적응된 환경에 좋은 점보다 힘든 점이 보였다. 예쁜 집은 '짠' 하고 나타났지만, 정리 정돈 습관이 크게 부족한 나는 커진 집을 감당하기가 버거웠다.

집이 정돈되지 않으니 인테리어 감이 조금 있다 한들 무용지물이었다. 집 짓기 전 혹은 훨씬 그전부터 밥 먹듯이 외쳤던 말이 있었다. "언젠가 큰 집으로 이사 가면, 진짜 깨끗하게 청소 잘할 수 있어! 정리 정돈도 잘하고 간소하게 예쁘게 꾸미면서 미니멀리즘으로 살아야지~ 나.중.에." 그 나중이 되어보니 딱 알겠다. 정리 습관이 없고 짐을 못 버리는 나 같은 사람에겐 집은 크기 문제가 전혀 아니었다는 것을. 돈 쓰는 것에 최적화된 삶. 커진 집 크기만큼 물건들이 채워졌고. 미니멀리즘으로 잘 살 수 있다던 나는 맥시멀 리스트가 돼 있었다. 이것도 저것도 증후군을 갖고 있는 나는 언젠가 필요할지 모른다는 강렬한 생각에 물건을 꽁꽁 쥐고 있었다. 자연스레 청소 범위가 넓어졌다.

또 새 집에 오면서 주방에 대한 로망으로 검색의 늪에 빠져 사들인 물

건. 다양한 접시와 주방 도구, 번듯한 책장이 생기면서 언젠가는 읽을 예정이라며 고민 없이 막 사들인 책들, 마당에서 캠핑 장비들, 김장김치 넣어야한다며 김치냉장고까지 들이니 그 안에 들어가는 여러 음식들, 재난 대비를 위한 사재기인지 펜트리에 들어갈 식재료들과 대망의 옷가지에 쌓였다. 맘에 드는 옷은 색깔별로 쟁여둬야 직성이 풀렸던 난 옷가게 근무했던 4년간 동대문 도매시장을 돌며 원 없이 사들였었다. 결혼 후 친정집에서 미처 다 못 챙겨왔던 옷들을 가져오고 남편과 합쳐진 옷의 시너지는 가히 대단했다. 그렇게 옷 무덤에 살게 되었다. 애당초 내게 미니멀리즘이란 댈 수도 없는 말임을 깨달았다.

내부는 물론 마당과 주차장, 창고를 포함한 외부, 그리고 중간 중간을 잇는 계단들까지. 청소할 곳은 방대한 양을 자랑했다. 쓸고 닦고를 무한 반복해도 티도 안 나고, 부산한 집을 보는 게 어느 순간부터 괴로웠다. 작은 집 살 때는 청소 며칠 안 한다고 티 안 난 것들이 집이 커지니 그만큼 잘 보이더라. 몇 날에 걸쳐 치우면서 점점 지쳐갔다. 이건 아니구나! 를 절실히 느껴가던 시점에 이모의 딸인 친척 동생네 갈 일이 있었다. 그녀는 나와 5살 차이다.

3인 가족인 그녀의 집은 수저와 젓가락 각 3벌, 수건 3장, 옷장 두 칸, 냉장고 음식은 딱 먹을 만큼만, 샤워 시간도 신속하게, 동생은 머리도 집에서 직접 잘랐다. 물티슈를 빨아서 재활용하고, 커피 마시고 난 플라스틱 병은 화분으로 사용한다. 아침에 눈을 떴다고 해서 바로 불 켜지 않았다. 조금의 밝음으로도 충분히 지냈고, 온도는 적정온도 18도 이상 높이지 않았다. 가족 모두의 옷은 간소하고 단정했다. 필수적인 것이 아니면 절대 구매하는 일은 없었다. 초등학생인 그녀의 딸 또한 검소했다. 가족들에겐 일상인 모습이었고, 자연스러웠다. '이게 어떻게 가능하지?'라고 생각했다. 그녀 가족의 절약 태도에 감탄이 일었고 부끄러움이 뒤따라왔다. 어릴 땐 그저 장난 많이 치던 꼬맹이 동생이었는데 확고한 가치관을 갖고 성장한 모습을 보니 만감이 교차했다.

그날의 이 '사건'을 계기로 남편과 앞으로를 도모했다. 하나씩 바로 잡아가리라! 일단 옷 정리가 시급했다. 팔 것은 팔고 아직도 예쁜 옷이긴 하나 더 이상 안 어울리는 옷은 좋아하는 사람들에게 나눠줬다. 줄 때 옷뿐 아니라 쓸 만한 물건들도 함께 줬다. 또 냉장고 털이를 주기적으로 해 충동을 줄이려 했다. 일 1회는 식단 중 야채 챙겨 먹기는 꼭 실천하고자 투명한 유리병에 보이게끔 씻어서 두었다. 그리고 화장품 샘플이나 다 쓴 이면지 뭉치들, 오래된 플라스틱 등 하루에 하나씩 버리려고 노력하고 있다.

어느 순간 아침에 일어나서 아무것도 안 올려 있는 테이블을 보는 건 최고의 하루 시작이었다. 단정한 거실, 햇빛만이 인테리어가 되는 모습은 흡족했고 큰 변화는 아니지만 조금씩 가벼워진다는 안정감은 생각보다 컸다. 이렇게 몇 날의 삶으로 내가 한 번에 달라질 수는 없겠지만 적어도 조금씩은 달라지리라 믿는다. 새로운 삶의 방식이자 인생에서 가장 중요한 가치를 배워가고 있다.

　문제는 집 크기가 아니라, 내 삶에 맞게 단정하게 가꾸는 삶이 제일이
라 여긴다.

디깅(digging)의 시대, 인테리어 취향 6가지

1 조명

조명은 전체 분위기를 좌우하는 1등 공신이다. 가성비 최고라고 여기는 조명은 없던 분위기도 되살린다. 이사 오기 전부터 픽했던 몇몇의 조명이 전체 조화로움에 한몫 제대로 한다. 현재 집의 천고가 높아 나중에 조명 교체할 것이 조금 걱정이긴 하다.

2 식물

식물은 사람 같다. 물을 덜 주면 말라 죽고, 필요 이상으로 많이 주면 과습으로 죽는다. 마치 사랑을 덜 주거나, 더 주면 탈이 나는 것처럼 귀신같이 알아차린다. 물, 햇살, 바람, 양분 하나하나 신경 써주고 귀하게 이름을 불러주며 보살펴 주면 아름다운 자연을 선사해 준다. 늘 식물 죽이기 1등이었던 나였다. 지금도 시행착오가 많지만, 여러 종류의 식물을 안팎으로 키우고 있다. 집들이 선물을 받으며 다시 입문하게 된 한 가지 한 가지가 모이더니 어느새 우리 집엔 여러 꽃과 식물들이 반려인처럼 자연스럽다. 자연 인테리어가 주는 심적 안정감에 감사하다.

3 벽돌

아기돼지 삼 형제 집의 꿈을 반은 이뤘다! 비록 빨간 벽돌은 아니지만, 벽돌만이 주는 아늑함과 따스함이 집 안팎으로 배어 있다. 더불어 손때가 덜 탄다. 벽돌을 사용할 수 있던 건 정말 행운이다.

4 원목

어느 포탈 순위에서 봤는데 여자들이 가장 선호하는 인테리어 스타일 1위가 화이트와 원목의 조화라고 했다. 나도 그랬었다. 깔끔함과 단정함을 표현할 궁극의 조화로움. 원목으로 된 자재를 쓰는 것은 공간을 따스하게 만들어주고 그 어떤 자재 조합과도 다 어울린다.

5 액자

근사한 분위기 연출에 액자도 포인트가 된다. 정적인 느낌과 자연스럽게 어우러지는 느낌을 좋아한다. 친구와 함께 캔버스 액자를 직접 만들어 보기도 하면서, 반드시 돈을 쓰지 않고도 안 해본 것에 대한 도전을 반긴다.

6 백화점 화장실 / 호텔 침실

호텔 화장실의 로망을 꿈꾸던 남편. 꿈이 어느 정도 실현되었는지 반신욕을 즐기고 숙면을 한다. 모차르트 클래식 음악을 틀어 두면 영락없는 백화점 화장실로 변모하는 마법이 시작되고 근사한 호텔이라 여기기도 한다.

6장

오늘에 진심인
삶이 되다

①

내 인생도 재밌기로 작정했다!

집짓기 전 코로나 시국의 넷플렉스는 오바를 조금 보태 하늘에서 내려온 진귀한 보물 상자와 같았다. 재택근무와 휴업이라는 제도가 생겨났던 당시 회사 휴무면 어김없이 TV를 끼고 살았고 주전부리를 잔뜩 챙겨 나름의 향락을 즐겼다. 너도나도 확찐자가 된 그때 난 특별히 코로나 블루로 힘들진 않았고 사회적으로 큰 시련이었지만 불가피하게 쉬는 동안 넷플의 존재는 감사했다.

그렇게 세 달이 흘렀다. 오늘도 어김없이 남편이 출근하고 나면 대충 아침을 챙겨 먹고 리모컨을 들어 냉장고 털이를 한 후, TV 자리를 찾아간다. 그런데 갑자기 머리가 너무 아프고 어지러웠다. 거울을 보니 퀭한 몰골이 더 칙칙하고 피폐해져 있었다. 그도 그럴 것이 쉬기 전날이면 밤새 드라마를 보다가 새벽 6시에 잠들곤 했다. 한동안 밤낮이 완전 바뀌어서 패턴을 잃고 거의 반백수의 삶을 살았다. 창문을 열어도 답답해서 나가 걸었다. 순간 스스로가 멍청이가 된 거 같았고 절제력이 절대 없는 나에겐 자기주도 결단이 필요했다.

  그날로 과감히 넷플을 끊어버렸다! 그 후 본격적 집짓기 시점과 맞물려 TV 챙겨볼 시간이 없었고 자연스럽게 멀어졌다. 집 짓고 이사 후 보통의 집 거실에 존재하는 TV를 우린 다락방에 올려뒀다. TV 켜기를 번거롭게 만들어 조금이라도 덜 찾게 만들려는 부부의 심산이었다. 그러나 TV와는 별개로 유튜브 플랫폼의 영상들은 강력했고 밥 먹다 말고 갑자기 궁금해진 어느 연예인의 최근 행보를 득달같이 찾아본다. 검색하면 끝없는 알고리즘에 이끌려 샅샅이 훑어준다. 다채로운 활동하는 그들을 보고 연신 부러움을 담다가 시간을 보면 어느덧 3시간이 훌쩍 지나있다.

  신나게 즐겼지만 어쩐지 남는 건 공허함이었다. 아, 핸드폰 보는 자기주도 시간이 필요했다. 누군가 그랬다. "내가 좋아하는 연예인들의 모습을 끝없이 선망하고 찾아보고 검색할 때 그들은 훨훨 또 다른 일을 하면서 날아가고 있다."라고 또 "내 인생이 재미없으면 다른 사람의 이야기가 그렇게 재미있어진다."라는 말도. 약간 억울한 맘이 들며 팬심으로 관심 갖고 좋아하는 것은 좋지만, 나의 일이 우선이라는 생각이 끓어올랐다. 특히 어떤 연예인이 출연한 종영한 드라마를 실컷 보고 있는데 해당 연예인은 새로운 작품으로 복귀해서 왕성한 활동하는걸 볼 때 '나 지금 뭐 하고 있는 거지?' 하고 현타를 느꼈다.

나도 나에게 집중하고 싶었고 내 것을 재미나게 하고 싶었다. 그러면서 타인에게 쏟는 관심도 줄여나갔다. 같이 휩쓸려서 누군가 뒷 담화 비슷한 걸 할라치면 공감하지 않았다. 듣기만 하려고 노력했다. 듣고 있는 게 불편했고 같이 리액션해주는 게 얼마나 부질없는 일인지 너무도 알았다. 자연스레 부정적 기운을 뿜는 사람은 피했고 긍정 기운으로 함께 도모하거나 프로젝트 꾸미는 마음 맞는 이들을 찾았고 거기에서 오는 배움과 재미를 즐겼다.

그렇게 남들 사는 거 "누구 누구가 그랬대~ 카더라~" 등의 말은 더 이상 사양이었다.

조금씩 의식적으로 마음을 다듬고 나니 아직도 코로나 시국의 집에서는 '할 일이 많구나!'를 깨달았다. 안 해본 것, 관심 없던 것, 해보고 싶었던 것, 혼자 놀기의 진수를 보여줬다.

하루가 바빠지기 시작했다. 코로나로 인해 집이라는 공간이 더 친밀해진 지금을 의미 있게 보내고 싶었다. '작정했어! 나도 내 이야기가 재미있는 사람이 될 거야!' 나에게 온전히 집중하며 가치 있는 삶을 서서히 만들어 나가기로 다짐한다.

세상에 잔뜩 뿌려진 수많은 재미를 찾고 누리며 즐겁게 오늘 하루도 GO GO!

②

단독주택 생활자의 1년 플래너

집짓기 3년차를 맞이하며 살고 보니 규칙이 필요했다. 회사에 출근 하면 직원들끼리 공통의 자료를 노트라든지, 노트북이라든지, 아이패드에 리스트 업을 해 둬 소통이 가능한 것처럼 집에서도 동일했다. 먼슬리(monthly) 체크리스트나 각종 연락처, 업무 처리 진행 사항 등 집과 관련된 정보 모음집이 필요하단 걸 결혼 5년 차에 남편이 일하다 허리디스크로 2주 가까이 치료를 받고 혼자 지내면서 깨닫게 되었다. 공사 업체 연락처를 알아야 했는데 내겐 없고 남편만이 알고 있는 곳이 있다거나, 창고의 장비가 어디에 놓여 있는지, 작년에 하수구 관리 받은 게 이맘때쯤인데 올해 며칠쯤 불러야 하거나, 정기 세금 납부, 마당에 무성히 자란 잡초, 뒤뜰에 거름과 물을 제 때 못 줘 죽어가는 나무 등 부부가 공통으로 체크할 부분들이 마구잡이로 지나가고 있었다.

가족들 생일과 명절 행사만 챙길 것이 아니라 집에서도 한눈에 파악할 수 있는 일정과 공동의 집 기록이 필요했다. 집을 짓고 어영부영 지나고 나니 놓친 상황들이 보였다. 그가 항상 그 자리에 있을 거란 확신의 마음에 굳이 신경 안 썼던 일이 많았다. 또 내가 주도하지 못하는 집안일들이 산적해 있었고, 하루아침에 혼자 있는 이 집이 더 크게 느껴졌다. 부부가 현재는 함께이지만 결국 사람은 언젠가는 죽고 혼자가 되는 일은 자연의 이치이기에, '삶은 언제나 혼자다.'라는 생각을 굳게 먹고 부부라고 너무 의존하지만 말고, 자립성을 키워야겠다는 현실적인 마음이 들었다.

친구들이 놀러와 마당에 앉아서 햇빛 멍과 커피 한잔을 마시며 말한다. "우린 이렇게 잠시 와서 즐기고 가지만 사는 사람은 할 일이 정말 많겠다. 청소 힘들어서 우째~" 맞다. 힘들다. 절대 만만치 않다. 좋아하는 공간을 지키기 위해서 못하는 청소와 정리 정돈을 신경 써야 한다. 감내해야 마련이다. 겉보기에 '저 사람은 저런 공간이 있어 얼마나 행복할까?' 하고 생각하는 분도 있을 테지만 그게 전부는 아니라는 걸 이야기하고 싶다.

모든 것에는 장단이 존재한다는 것!을 다시금 깨달았다. 그러나 장점은 차치하더라도 단점들에도 내가 바라보는 시각에 따라서 가능성을 갖고 새로운 그림을 그릴 수 있다. 살면서 중요한 지혜를 차곡차곡 쌓고 싶은 나는, 집이라는 매개체를 통해 각종 시행착오의 나날들로 하나씩 배우고 있다. 청소하는 법, 요리하는 법, 각종 도구 다루는 법, 식물을 키우는 법, 인테리어 하는 법! 집을 가꿔주고 아껴주면서 나다운 취향의 집을 만들어 나간다.

　주택 살이 3년차, 네 번의 계절을 겪으며 나도 집도 점점 깊어지고 있다. 봄, 여름, 가을, 겨울이 저마다의 개성과 색깔들을 품은 매력 넘치는 고유한 한 사람 한 사람 같다. 아름다움에 매료되어 그들이 내어주는 일을 프로젝트처럼 기록하고자 한다. 그저 흘려보내기엔 무척이나 아깝기에.

　평상시에 나는 주변에 비해 감동과 감탄을 잘하는 편인데 웬만해서 다 잘 먹고, 웬만하면 다 재미있어한다. 아는 사람은 알지만 모르는 사람에겐 종종 "왜 저렇게 오버해? 가식 같다. 가짜 아니야?"라는 말을 들은 적도 많았다. 남들에 비해 감탄력이 뛰어난 건지는 모르겠지만 특히 맛있는 음식에 관련해서 알게 된 사실이 있다. 어느 날 누가 맛집을 물어봐서 대답하려는 찰나 그 옆 사람이 날 보며 말한다. "쟤 말 믿지 마! 쟨 다 맛있대~" 친구들은 내가 맛있다고 하는 곳은 잘 안 가거나 일단 제쳤다. 평소 남편과 함께 먹은 식당에서도 "진짜 맛있다. 여기 또 오자!"라 말하면 "그 정도는 아닌데?~"라고 종종 듣는 편이었다. 또 이민을 가서 2~3년 만에 한 번씩 한국에 들어오는 죽마고우 친구도 말했다. "혜란이 네가 말한 데는 맛집은 아니야. 아주 보통 중에서도 보통인 편이지(억눌러 말함)." 난 '사람들 기준이 너무 높은 거 아니야? 얼마나 더 맛있어야 해? 거기 맛있는데 다들 내 말을 안 믿네~' 난 주변 반응에 토라진 적도 있었다. 그런데 '맛집'이라고 말했던 곳들이 놀랍게도 그녀가 한국에 올 때쯤이면 폐업을 했다. 영화나 TV도 감명 깊게 보고 추천을 하면 꼭 그 영화는 망하거나 폭망까지는 아니더라도 낮은 순위를 차지했다. 그때 알았다. 난 미식가 또는 평론가는 절대 못 될 것이라는 걸. 남들에 비해 기준치가 높진 않다는 것을. 그렇다. 나는 작은 일 또는 작은 음식(*맛 없는 음식)도 재미있고 맛있었다. 최근 들어 더 알게 된 성향 중 하나는 '새로운 모든 것'을 좋아한다는 것이다. 장소, 사람, 책, 글, 음식, 음악, 영화, 경험 등등 접해보지 않은 것들에 대한 로망이 있어서 모든 소재가 안 해본 것들이니 '재미투성이'란 생각이 가득했다.

이런 성향과 맞닿은 걸까? 지금 살고 있는 이 집은 거의 모든 것이 감동이고 많은 것들에 영감을 받는다. 아침에 눈을 뜨면 들리는 새소리, 잡초 사이에 조용히 앉아 있는 까치, 비둘기, 참새, 매일 아침 현관문 앞에 놓인 새똥(자리를 아주 제대로 잡음), 밤사이 들고양이가 휘젓고 구멍 내고 간 음식물 쓰레기 비닐, 차 위에 찍힌 고양이 발바닥 자국, 외부 벽에 생긴 큰 벌집 통에 119 소방대원 출동, 때 되면 옆 아파트에 정원 정리해 주시는 조경 관리자, 매일 같은 시간에 동네 산책을 도는 부부, 우리 집 담장 모양이 영화 '오징어 게임'(○△□) 모양의 큐블럭 벽돌인데 지나가면서 "어머! 오징어 게임이다."라고 하는 상황들. 자체로 모두 다 즐겁다. 작은 일에도 '○○ 프로젝트'라는 이름을 붙여 진행하길 좋아하는 나는 갑자기 근사하게 변한 프로젝트가 좋았다.

나의 모든 프로젝트 속에서는 '집은 단순히 쉬는 곳, 자는 곳, 재테크 수단만의 공간이 아니라 삶의 진정한 즐거움이 자라난다. 아낌없이 주는 나무처럼 '아낌없이 이 집을 맘껏 쓰겠다!'란 마음으로! 나도 단독 주택은 처음이라, 이런 처음을 잘 붙잡고 여행자의 마음으로 꼬박꼬박 주어지는 매일을 살고 싶다.

자신의 가능성을 가지고 최고의 작품을 만들어 내는 것,
이것이 바로 한 변화의 주체가 자신의 전 역사를 통해
성취해야 할 필생의 프로젝트라 할 수 있다.

– 구본형, 『나는 이렇게 될 것이다』

공짜 인생은 없다. 내가 한 만큼 딱 그만큼만.

$$\text{3}$$

주택 집콕 플레이 리스트

– 방구석 4계절 탐방

집에 있어도 시선이 안에만 머물지 않는다. 비록 안이지만 어떻게든 밖처럼 놀고 싶은 마음이다. 산만함을 탑재한 채 평생을 살아온 내게 공간 변화를 좋아하는 우리 집은 그야말로 딱이다. 여기저기 이동이 가능하다. 2시간 안에 카페를 4군데 옮길 수 있는 기분으로 쉽게 지루해하는 나를 위해 공간마다 콘셉트를 만들고 시스템을 만들었다.

어디서든 책을 펴고 어디서든 먹는다. 거실 창문 앞, 다락방 서재, 나무 계단, 마당까지 각각을 휘저으며 아메리카노와 스타벅스 백색소음을 틀어두면 완벽한 카페 공간이 완성된다. 그렇게 명소를 탐방하는 기분으로 하루를 힐링하며 즐긴다. 한 번씩 공간 이동을 하면 작업에 집중이 더 잘 되곤 한다. 결정적으로 우리 집 바로 앞에는 드넓은 공짜 조경이 있다. 오! 세상에! 이는 집 앞에 있는 조경이 LH 아파트 소유분인데 그 아파트 주차장 뒷부분이 바로 우리 집과 근접으로 맞닿아 있어 보는 것만으로 내 맘대로 '우리 거다.'라고 감사해 한다. LH 조경과 초록 잔디까지 그렇게 우리는 방구석에서 계절의 흐름을 느낀다. 맑은 파란 하늘, 따뜻한 햇살, 흐린 날 비 오는 소리와 빗줄기 모습, 눈 내리는 풍경을 담는다.

봄에는 벚꽃과 조팝꽃, 목련의 향연, 초여름의 핑크 노을, 청명한 초록색 잎사귀, 여름에는 저녁 공기의 싱그러움 특히 오후 5~6시의 색감은 경이로울 정도다. 가을에는 붉은 빛깔의 단풍들, 겨울에는 소복하게 쌓인 제일 먼저 밟는 마당의 눈까지 최고의 4계절을 선물 받았다.

전에 살 때는 커튼으로 꽁꽁 닫고 밤 낮 구분도 어려웠는데 지금은 통창을 통해 계절이 한눈에 보이니 삶도 더욱 선명해 보인다.

낮에는 멋진 나만의 홈 카페로 밤에는 밤 나름대로 블라인드를 내리고 와인바bar로 둔갑한다. 이렇게 관점을 달리하니 집임에도 정말 외부처럼 느껴진다.

어느 날은 차려입고 밖에 나가는 것도 좋지만, '밖에 나가면 다 돈이다.'라는 생각도 종종 든다. 집에서 친구들을 불러 편하게 음식 해먹고, 시켜 먹고, 시선이나 신경 안 쓰며 안락하고 신나게 놀 수 있다.

– 똥손, 반찬 만들기 클래스

요리하는 용기가 부족한 나. 내 눈에 요리 만렙인 찐친들을 집으로 꼬셔 부른다. 마트에 가서 장을 보고 N분의 일로 나눈 후 각자의 반찬통을 가져온다. 나는 보조를 맡고 메인은 친구들이 한다. 요리 클래스를 방불케 하며 우리의 인증샷을 남편들에게 보낸다. 널브러진 테이블 사진까지 캐치한 친구의 남편이 말한다. "깻잎장아찌가 그렇게 힘든 음식이었어?" 우리는 앞으로도 열심히 반찬을 만들 생각이다. 또 배달 음식이 만연했던 내 삶에 부족하고 더디지만 하나씩 요리를 만들어 먹는 즐거움을 알려준 친구들의 에너지와 시너지가 합쳐지니 내가 그토록 싫어하던 일에서 힘을 받는다. 함께의 힘을 믿는다

- 새벽 기상 루틴

나는 아침의 힘을 누구보다 잘 안다. 새벽 4시에 일어나 5시에 출근하는 근무 패턴을 오래 했었다. 일어나는 건 너무도 힘들지만, 하나, 둘, 셋! 하고 벌떡 일어나 준비하고 나가는 바로 그 순간 모든 게 끝났다.

새벽 공기와 함께 택시에 오르고 흘러나오는 새벽녘의 라디오 소리가 아침을 한 번 더 깨운다. 그러다 시간이 흐르고 직업이 바뀌었다. 새벽 출근이 사라지니 다시 그 시간으로 일어나는데 많은 게으름이 핑계가 되었다. 생각했다. 늦게 자고 일찍 일어나는 무리한 목표 설정은 더 이상 말자고. 일찍 잠자리에 들자고. 취침 컨디션을 잘 유지하자고.

새로운 집에서 다시 시작된 새벽 5시 루틴. 주전자에 물 끓이는 것부터 시작해 어젯밤 설거지 후 물 빠짐 해둔 그릇과 컵들을 하나 둘 정리한다. 티백을 우린 따뜻한 물 한잔, 편안하게 몸에 스며드는 느낌을 머금고 창

문을 열어 공기를 느낀다. 내겐 서둘러 준비하는 아침과 느지막이 준비하는 아침은 하루의 총평이 바뀌었다. 조금 서두름의 결과는 공짜 하루를 얻은 것 같았고, 긍정 마인드가 최고조로 솟구치는 시간이었다. 돈으로 살 수 없는 새벽녘의 안정감과 고요함을 사랑한다.

- 읽고 쓰기 루틴

『독서 천재 홍대리』라는 책으로 독서에 입문했다. 많은 독서량을 자랑하거나 다양한 지식이 있는 것은 결코 아니지만, 책 읽는 시간은 나를 덜 소란스럽게 만들었고, 생각 정리를 하게 해줘 늘 함께했다.

그러나 딱 거기까지였다. 인풋은 어느 정도 습관화되었지만 읽고 나면 기억이 안 났고, 내용을 말로 설명하지 못했다. 독서법이 잘못되었음을 인지했지만 방법을 몰랐다. 그러다 읽고 적용하는 인지도 있는 SNS 커뮤니티 '오래클럽'를 알게 되면서 생각의 전환을 맞았다. 책에서 얻은 정보를 자기화시켜 즐겁고 심도 있게 아웃풋하게끔 알려주는 모임. 혼자서 책 읽고 생각할 때의 아쉬움과 이해 못 할 갈증들은 함께 책을 읽고 나누며 서로를 응원해 주는 이들의 위안을 받았고 조금씩 말랑말랑한 뇌로 성장하고 있다는 느낌을 받게 되었다. 내겐 마치 사회에서 만난 인생 학교 같았다.

또, 경험은 또 다른 경험으로 이어지듯이 확장된 사고를 통해 또 다른 커뮤니티 글쓰기 모임 '나깨모'를 알게 되었다. 게으른 내가 매일 글쓰기 '나를 깨우는 모닝 글쓰기'에 입문하게 된 것이다. 깨달았다. 내가 마음만 있다면 얼마든지 유용하고 좋은 경험을 찾을 수 있는지를. 안되는 게 아니고 방법을 몰랐을 뿐이라는 것을. 매일 글쓰기를 시작하면서 몰랐던 마음들이 깊은 곳에서 뿜어 나왔다. 나조차도 인지 못 했던 과거의 상황 단 한 줄을 적었을 뿐인데, 몸이 기억하듯이 그다음이 계속해서 이어졌다. 그로써 몰입의 힘과 들쑥날쑥하고 일희일비하던 하루가 채워짐을 느끼고 있었다. 글을 쓰면서 멤버들끼리 '작가'라고 서로를 불렀다. 작가라니…. 너무 신기한 기분이었는데 지금 이렇게 책을 쓰게 된 걸 보면 말이 씨앗이 되는 게 참말인가보다. 긍정적이고 진취적인 말을 늘 써야겠다.

기록하는 시간을 즐기게 된 지금 '책과 글'은 오롯한 시간으로 남았고, 영향력 가득한 이들의 '으쌰으쌰' 힘을 받는다. 성장 모임으로 스스로 찾아간 일은 최고의 선택이었다.

좋은 영향력은 지식으로만 전달되는 것이 아니다.
삶을 살아가는 방식을 보여주고, 좋은 사례를 나누고,
시간을 함께 보내면서 자연스럽게 공유되는 것이다.

— 이인석, 『밸런스』

– 걷고 달리기 루틴

마음에 송곳이 박힌 것처럼 예쁜 말이 안 나갈 때가 있다. 방전이 되었다는 뜻이다. 난 체력이 쉽게 고갈되고, 자주 나자빠졌다.

하고 싶은 열정은 뻗쳤지만 뒷심이 늘 부족했다. 조금만 움직여도 "힘들어~ 힘들어~"를 밥 먹듯이 외쳤고, "대충 적당히 해."가 단골 멘트였다. 변화가 필요했다. 나의 꾸준함 없는 성격을 알기에 할 수밖에 없는 환경을 만들어야 했다.

달리기 모임&운동 성장 커뮤니티 '체인지 러닝 크루'는 (우리는 변할 수 있고 언제든 성장하고 나아간다)는 모토를 갖고 있었다. 각자 삶에 집중하면서 걷고 달리는 운동시간을 할애하는 크루들은 운동 인증 사진을 올렸다. 의무라기엔 모두가 진심인 마음이어서 빠져들 수밖에 없었다. 특히 말 없는 인증 사진 속에는 꽃과 식물 등의 무수한 자연이 들어 있었다. 각 지역 식물도감을 방불케했고, 일면식도 없는 크루인데 사진에 담긴 시선들로 하여금 그를 알게 해줬다.

나는 아직 초보 러너에 불과하지만 함께 영향받는 시간이 좋았다. 달리기는 내게 영감 덩어리다. 아무 생각 없이 걷고 뛰다 보면 쓸데없는 잡념이 사라졌고 고민했던 일이 아무것도 아닌 일처럼 느껴지면서 뭐든 시도해 볼 만한 나만 남는다. 다정하고 성실하며 배려 깊은 크루들의 열렬한 응원을 받으면 마치 내가 축복받으려고 태어난 사람처럼 느껴진다.

평범한 일상이 특별한 의미와 가치를 지니기 위해서는
축적의 시간이 필요하다. 격려와 공감이 오가는 모임이 필요하다.
한 사람이든 열 사람이든 서로를 응원하고
스몰 스텝을 지속할 수 있도록 돕는 모임을 만든다면

스몰 스텝은 쉽게 중단되지 않을 것이다.

— 박요철, 『스몰스텝』

- 우당탕 플리마켓 개최

안 입는 옷들 처분을 어찌할까 생각했다가 당근마켓으로 거래를 했다. 처음엔 재미있었는데 누구와 연락하고 날짜 정하고 사진 찍어 올리는 게 귀찮아졌다. 그렇다고 버리거나 누구를 주는 데도 한계가 있었다. 또 그냥 Kg으로 무게 재서 가져가는 건 도무지 아까운 원단과 스타일들이어서 동네 카페에서 하는 플리마켓을 신청해봤다.

카페에 혼자 나가서 옷을 팔겠다니…. 나름 용기가 필요했던 난생 처음의 일이었다. 그러다 카페에 나가기 전 집에서 행거를 걸고 미리 옷 상태를 점검하면서 예행연습을 하다가 지인들에게 사진을 찍어 보냈는데, 여기저기 그 옷을 자기한테 팔라는 문자들이 속속들이 도착했다. 직접 보여주는 게 낫지 않을까 하여 다음 날 지인들이 왔다. 놀랍게도 이틀에 걸쳐 중고 옷 매출 83만 원을 달성했다. 가슴에 손을 얹고 최소금액으로 판매했는데 말이다. 대체 옷이 얼마나 많길래? 옷에 죽고 옷에 살던 날들. 창고에 미리 거울과 테이블, 블루투스 음악, 커피, 계좌번호까지 준비해 정말이지 작고 프라이빗한 공간처럼 만들어둬 즐겁게 쇼핑하는 느낌으로 만들었다.

내가 입었을 때와는 또 다른 느낌으로 전체코디를 해주고 선글라스부터 시작해, 상의, 하의, 신발, 가방까지 올 세팅을 해줬다. 예전에 옷가게 사장님이 절실하게 꿈이었던 나는 제대로 물 만난 고기처럼 날아다녔다. 우리 집 플리마켓에서 옷을 사 간 언니가 남편에게 입고 보여줬더니 "와 남자 것은 없대?"라고 해 주어서 용기를 얻었다. 아직도 내게 남은 옷은 많았다.

그렇게 얻은 자신감으로 친구들끼리도 옷뿐만 아니라, 생필품도 아나바다(아껴 쓰고, 나눠 쓰고, 바꿔 쓰고, 다시 쓰기)를 시전한다.

– 주방장 특선 코스 요리

몰랐는데 나보다 이벤트를 더 좋아하는 남편이었다. 배우 차승원이 나오는 tvN 예능프로그램 '삼시세끼' 시리즈에서 '요리하는 남자도 섹시할 수 있다!'라는 영감을 받아 요리를 시작하게 된 남편이었다. 이 집에 오면서 요리 실력이 더 성장한 우리 집 메인 셰프를 맡고 있는 남편! 마당에 캠핑 타프를 쳐두고 테이블을 세팅한다. 캠핑 의자를 둬 감성 돋는 마당을 꾸민다. 텃밭에서 방울토마토를 따고, 상추와 깻잎, 고추도 딴다. 식재료에 관심이 많은 그는 허브도 좋아하는데 바질과 로즈마리, 고수 등을 상차림 마지막에 흩뿌린다. 창고에는 그의 전용 식재료 바구니가 있다. 마늘, 양파, 감자 등등 그 사이 본인만의 레시피 바베큐를 열심히 굽는다. 바삭과 아삭의 조합을 아는 남편이다.

최근엔 MBC 예능 〈나 혼자 산다〉에서 전현무가 만든 파김치에 영감을 받아 다섯 통이나 만들었다. 어느 요리 연구가 못지않은 남편의 깊이 있는 철학이 귀엽고 멋지다. 그의 이런 요리 열정은 주방장 특선 코스 요리로 발돋움했다. 일명 오마카세(주문할 음식을 가게의 주방장에게 믿고 맡기는 것: 주로 스시집 코스요리) 느낌에 푹 빠져 집에서 개인 큰 접시 하나에 소스를 각각 올려두고 진짜 레스토랑에 온 느낌을 연출한다. 누구나 쉽게 즐길 수 있다. "이럴 거면 요리사를 하는 게 어때?"라는 나의 물음에 "그건 안 돼. 취미가 업이 되면 난 힘들 것 같아."

손님들이 놀러 오면 본인만의 레시피와 코스를 구성해 웰컴 티부터 애피타이저로 시작하는 그만의 코스요리가 있다. 놀러 올 지인들을 생각하며 맛있게 먹었던 것, 새로이 배운 것, 먹었을 때의 기쁨과 시도해 보고 싶은 설렘이 함께 있는 훈셰프이다.

"손님, 대게 찜을 기다리시는 동안 석화 먼저 즐기시고 계시죠~" 덕분에 행복한 건 요.알.못인 나다.

– 마당 스트레칭

요가원에 간 첫날이 생각난다. 요가 프로그램을 시작하기 전 차분한 다도 의식과 조용한 대화들이 함께 어우러지는 모습. 그 한 장면에 반한 나는 '여기에 매일 참석하겠어!'라고 뱉었다. 열흘 정도 가고 나서 멈춰있는 실력과 동작 하나하나의 버거움에 서서히 꾀를 내기 시작했다. '이건 내 길이 아닌 거 같아. 나는 활동성 있는 게 더 낫겠어.' 선생님이 내 몸을 보시고 "인스턴트 음식 너무 먹지 말아요~ 몸이 뻣뻣하고 많이 굳어 있네요." 나를 어찌 아시지? 그렇게 요가원과는 바이했지만, 인스턴트 중

독자 삶에서 매일 산책을 하고 야채를 생활화하면서 몸과 조금씩 친해지고 있다. 어느 날부터 힐링 잔디 위에서 내 맘대로 스트레칭을 한다.

- 지인들과 공유 공간

해멍이 자연스러운 곳 우리 집. 주말 아침에 일어나 커피 한잔을 내려 마당으로 나간다. 맨발에 잔디를 밟고 공기를 느끼는 순간이 행복하다. 최근 동네에 예쁜 베이커리 카페가 오픈했는데 '금/토/일요일'만 장사를 하는 소신이 대단하고 멋졌다. 꽤나 인기 있는 동네 핫플로 금세 자리 잡았다.

빵 냄새가 그윽한 것은 기본, 아담한 사이즈의 공간에 분위기 있는 인테리어가 따스하고 매력적이었다. 딱 내가 원하는 스타일! 거기에 영감을 받은 나는 친구들에게 우리 집 마당에서 카페처럼 지내고 따스한 해멍을 느끼게 해주고 싶다. 같이 즐기면 더욱 행복할 것 같다. 의자가 없으면 풀밭에 철퍼덕 주저앉아 수건돌리기까진 못하더라도 뭐든 가능할 거라 상상한다. 또 이 책을 쓰면서 출간 후 내가 만든 단독주택 정원에 사람들을 초대해 북 토크를 하면 어떨까 했고 거의 가까이 온 것 같다. 햇살 좋은 날 좋아하는 이들과 마당에서 웰컴 티를 마시며 책 이야기들과 무궁무진 수다들을 나눌 생각에 벌써 설렌다.

나를 깨우는
모닝 책 쓰기

구혜은 작가와 함께 하는
책 쓰기 프로젝트

2023년 8월 12일 오전

스벽 출근하다 집으로 출근합니다

④

변화된 인생 레시피

집을 짓고 살기까지 롤러코스터를 타고 오늘의 평온에 이르기까지 의식의 흐름을 정리해 보았다.

1단계 의아   내가 집을 짓는다고? 가당키나 해?

↓

2단계 설렘   아냐. 어쩜 가능할 수도. 해보는 거지!

↓

3단계 고민   아, 어디서부터 손을 대야 하는 거지?

↓

4단계 의지   어? 난 역시 선방! 다른 세계가 기다릴 수도 있겠어!

↓

5단계 직시　만만치 않음. 괜찮은 걸까? 이건 아닌 거 같아.

↓

6단계 후회　정말로 후회. 대체 왜 사서 고생일까? 누가 시키지도 않
　　　　　　　았자나?

↓

7단계 위안　아냐 여기까지 어떻게 왔는데. 나 정말 대단해.

↓

8단계 행복　드디어 준공이다!

↓

9단계 충격　내가 미쳤지!

↓

10단계 반성　호구 가능성이 듬뿍 있었음을 완벽하게 알게 됨

↓

11단계 기쁨　더 이상 반성 금지. 앞으로만 있을 뿐!

↓

12단계 평온　오늘에 진심! 흐름에 맞게 살자

　정말이지 우당탕 집을 완성한 느낌이다. 가끔 생각한다. 우리는 여기
에서 평생 살아야 할지도 모른다고. 이렇게 하자가 많고 언제 또 어디서
어떻게 터질지 모르는 시한폭탄 같은 집이라 소문났는데 이 집을 어찌
팔 수 있겠냐고.

그러다 이윽고 또 생각을 한다. '그렇담! 일단 지금 재미있게 살자! 이미 벌어진 일 어떡하겠어!' 말이다. 나중이 아닌, '지금 바로 여기!' 예전에 부모님 집만 살았더라면 30대 초반 원룸에 가서 나 혼자 지지고 볶고 못했을 것이다. 그랬다면 인테리어에 눈 못 뜬 채 그냥 그렇게 살았을 거다. 그것이 내 인생 최초 '환경설정'이었음을 이제 알겠다. 결혼을 안 했더라면 땅 사고 집 짓는 결정은 못 했을 것이다. 그냥 맘 편하게 아파트 살았을 거다. 스타벅스 카페를 안 갔더라면 지금의 카페 같은 집에 대한 영감도 아마 못 얻지 않았을까?

휴식 같이 머무는 집만 바라지 않는다. 우리만 살기에 이 집은 너무 크다. 이 큰 집을 놀리기엔 '너무 아깝다.'란 생각이 든다. 처음 이사 와서는 정리하느라 바빴고 그게 끝나니 하자 보수가 괴롭혔고 마치고 나면 다른 일은 첩첩산중으로 언제나 마중 나와 기다리고 있었다. 살아보니 인생에 일은 줄어들거나 사라지지 않더라. 더 생기면 생겼지.

그래서 생각했다. 내가 자주 쓰는 말 중엔 "일단 알겠어. 나중에. 상황 좀 보고".가 단골 멘트다. 이 말은 상황에 바로 대답하기 어려울 때 시간을 벌고 신중히 생각하기에 좋은 말이나, 새로운 경험을 할 때에는 약간 소극적인 말이다. 내겐 그랬다. 순간적으로 느낌이 오는 일은 닥치는 대로 앞뒤 안 가리고 나아갔고 뭔가 몸을 쓰는 운동들은 뒷걸음질쳤다. 난 못 할 거라는 지배적인 생각과 함께 "나중에, 나중에~ 좀 여유 되면 할게."를 되뇌었다.

그런데 그 여유는 쉬이 오지 않았다. 늘 바빴기 때문이다. 그 바쁨이 더 나아갈 수 있는 것들을 유예할 만큼 바빴는지는 사실 모르겠다. 지나고 나니, 그리 중요하지 않은 일들에 바쁨과 에너지를 쏟아 이내 지치고 말았던 걸 알았다.

그래서 집을 통해 시야가 트인 나는 안 해본 걸 생각나는 대로 해보기로 했다. 이번엔 무작정 하는 게 아니라, 계획을 세우고 시각화를 충분히 하고 하는 거다! 그렇게 해보고 폭망 하면 그때 가서 안 하면 된다. 나의 다음은 어렴풋하지만 '나이트 라니북스(NIGHT RANIBOOKS)'다. 집을 작은 책방처럼 사용하면 어떨까 하고 꿈꾸게 되었다. 책을 좋아하는 이들과 함께 밤에 도심 속 마당에 돗자리를 깔고 장작불을 켜서 불멍을 한다. 별과 달을 보며 책을 읽고, 건물 외벽에 스크린 빔을 쏴서 영화 보는 시간을 갖는다. 나의 베스트 영화 3위 〈시네마천국〉처럼. 아, 영화는 에어팟을 끼고 봐야할 거라는 생각이 퍼뜩 들면서. 생각만으로도 벌써 기대감이 밀려온다. 이 프로젝트를 벌리면 또 다른 일들이 파생되고 거기에서 얻는 걸로 더 다양한 게 생기지 않을까?

집의 좋은 에너지들이 나를 또 다른 에너지로 이끌며 선순환으로 작용한다고 믿는다.

삶의 레시피를 바꿔준 단독 주택살이로 풍성함이 주변에 함께하고 모든 경험의 쓸모가 이 집에 살면서 되살아나고 있다. 어느 순간, **따스하고 싱그러운 따싱집**의 주인이 되어 다양한 걸 꿈 꿀 수 있는 지금이 행복하다. 가능성 넘치고 해볼 만한 게 많아진 집. 집을 가꾸며 번뜩번뜩 아이디어가 생각난다. 또 어디로 데려다줄까? 앞으로의 인생도 기대가 된다. 망하더라도 그 안에서 다시 피어날 수 있으니 다행이라 여긴다.

물론 지금도 해보지 않은 일의 두려움은 한 보따리 갖고 있지만 무너져 내리더라도 언제나 끝은 있고 시작도 있기 마련임을 이젠 안다. 일상의 콘텐츠들이 어느덧 다양해졌다. 집을 짓지 않았더라도 나름대로 다른 길을 찾았겠지만 집을 지으면서 좀 더 명확해졌다. 늦은 나이? 빠른 나이? 물론 생물학적 나이듦을 어쩔 수 없으나 난 아직도 생각은 고등학교 시절 그대로 같다. 무계획의 삶이던 내가 새로운 꿈도 생기고 중간 중간 계획도 수정한다. 씨앗 그 자체였는데 우여곡절 끝에 싹도 틔우고 가지도 뻗고 열매를 맺기까지 다이내믹했기에 더 소중하다.

퇴근하고 스벅을 찾았다. 친구에게 물어봤다. "우리나라에 스타벅스의 인기가 사그라지는 날이 있을 거라고 생각해?", "아니, 우리 죽기 전까진 절대 그럴 일은 없을 것 같아.", "흐흐, 정말 대단하다 스타벅스!" 지금도 나는 스벅을 사랑한다. 지금은 뭔가 동지애가 더 느껴지는 스벅! 그 지난했던 축적되어 온 시간들이 내 인생에 끼친 영향력을 생각하면 헛됨 하나 없이 꽉 채워 있었다.

불안정했던 나를 채움으로 만들어준 공간. 집 지으며 겪은 숱한 시행착오와 진짜로 생겨버린 카페 같은 집을 통해 또 다른 채움으로 이어나갈 앞으로의 삶들! 오늘도 파이팅!

● 1년 플래너(*걷기는 매일, 뒷산은 주말 아침)

1월 아무도 안 밟은 눈 밟기, 마당 눈 쓸기, 눈사람 만들기

2월 잔디 제초제 뿌리기, 나무 가지치기(전지), 봄을 맞이하기 전 휴식기

3월 잔디밭 해 멍하기, 잔디밭 스트레칭하기, 텃밭 퇴비 주기, 마당 나무 데크/보일러실 오일스테인 바르기

4월 꽃시장, 농약사 가서 모종쇼핑, 텃밭 상추, 고추, 깻잎, 방울토마토, 고추, 바질 심기

　　　송화 가루 극심 (4월말~5월) : 새벽과 오전 시간대 환기 금지

5월 캠핑의 계절 즐기기, 친구들과 반찬 만들기, 풍경 즐기기 4~6월의 꽃나무 (조팝, 장미, 목련, 벚꽃, 개나리), 메인 식단은 삼겹살 → 상추쌈 (텃밭 야채 한 움큼), 서브 식단은 비빔밥, 외부 창문 물청소

6월 잡초 뽑기, 캠핑/바베큐, 마당 텐트/타프 치기, 하수도 점검(배관 내시경)

7월 잡초 뽑기, 잔디 깎기, 장마 대비하기, 개구리 울음소리 듣기

8월 잡초 뽑기, 잔디 깎기, 외부 벌통 주의

9월 마당 단풍놀이, 귀뚜라미 소리, 방아깨비 만나기, 낙엽 치우기

10월 캠핑 불 멍, 건물 외장재 오염방지 발수제 코팅, 틈새 실리콘 점검

11월 마당에서 김장하기, 고속터미널 크리스마스 트리 재료 쇼핑, 텃밭 정리, 겨울 캠핑/제철 석화구이

12월 크리스마스 소소한 파티, 계량기 동파 안 되게 옷이나 담요 감싸기, 첫눈 기다리기

나를 살리는 집에서
진짜 삶을 살기를

꽤 긴 시간을 착각 속에서 살았습니다. 어제가 오늘 같고 오늘이 어제 같은 삶. 어제오늘이 별반 다르지 않고 내 인생은 평생 똑같을 예정이니 '적당히 살다 가자.'란 마음으로요. 또 누군가 내 인생을 대신 선택해 줬으면 하고 바랐습니다. 내가 한 선택에 책임지기 싫었던 두려움 많은 겁쟁이였으니까요.

얼마 전 책장에 꽂힌 각종 서류 정리를 하다가 6년 전에 끄적끄적 쓰다 만 일기장을 발견했습니다. 역시나 끝을 못 맺었던 저는 며칠 쓰다 말았기에 깨끗 그 자체였습니다. 놀랍게도 어느 한 계절의 문장이 담겨 있었고, 내용엔 온갖 우울과 불만, 짜증, 화가 뒤섞인 자존감 없는 저의 하루 한 줄씩이 적혀 있었습니다. 순간 제 눈을 의심했습니다. 분명 내가 쓴 글씨가 맞긴 한데, 청문회도 아니고 진심으로 기억조차 나질 않는 슬프고 못난 제가 있었습니다.

그렇게 불안정하고 정처 없이 헤매던 제가 지금은 전혀 생각지도 못한 곳에 서 있습니다. 어디로 튈지 모르는 여자가 스타벅스 카페 루틴을 만났고, 책을 읽고, 글을 씁니다. 결혼을 하고, 집을 짓고, 따스한 요리를 해 먹고 산책을 합니다. 그리고 그에 관련한 책을 냈습니다. 여전히 얼떨떨하기만 합니다.

또 이제는 하루하루 마지못해 출근했던 삶에서 진짜 휴식을 주는 집을 짓고 나니 저에게 주어진 일. 나아가 작아도 정직하고 즐거운 회사를 앞으로 더욱 탄탄하게 키워가겠다는 다부진 꿈도 꾸게 되었습니다. '일단 잡고 보자!'로 시작한 하나하나의 기회들이 저를 어제보다 조금 더 나은 사람으로 만들어줬습니다.

이젠 누구보다 집을 좋아하며 오늘을 사랑하는 경험주의자가 되어갑니다. 인생은 한 치 앞을 알 수 없다는 것에 전 재산을 걸고 싶은 심정입니다. 인생의 우선순위 1번인 저를 돌보고 나니, 다음 타자는 집이 되었습니다. 단순히 잠만 자고, 재테크만 생각하던 집이 아닌, 진짜 나를 살게 하고 꿈꾸게 하는 친구 같은 집 말입니다. 또 담보 잡아 놓은 물건처럼 막 쓰는 하루가 아닌 하루를 살아도 최고의 신나는 오늘, 소소한 계획을 세우고 조금씩 나아가는 오늘, 매일 적당히 해내는 '진짜 오늘!'을 집은 데려다주었습니다. '뭘 꼭 해야 한다!'라는 강박관념이 아니라 작은 것도 '할 수 있다!'란 마음을 가지니 삶이 조금은 편해졌습니다. 공간을 재발견했더니 인생이 더 특별해졌습니다.

고단한 하루를 쉬게 해주는 공간이 되어야 할 집에서 과거의 제 모습과 같이 더 외로움을 느끼는 사람들이 있다면, 내 취향의 집, 내가 좋아하는 집을 만드는 방법을 알려주고 싶었습니다. 나아가 꼭! '집'이라는 매개체가 아니더라도, 아직 자신이 진짜 좋아하는 것을 찾지 못한 사람들에게, 혹은 남들의 잣대에 휘둘리지 않고 나 자신으로 당당하게 살아가길 원하는 사람들에게 자기만의 즐거움을 찾고 진정한 '나'로 사는데 이 책이 조금이라도 영감을 주길 바랍니다.

특히나 제2의 라니박, 제3의 라니박이 될 수도 있는 그분들에게 지금 끌리는 아무거나 해보라고 하고 싶습니다.
"단, 제가 한 인생 실수들을 참고해 저를 반면교사 삼으세요~! 그럼 뭐. 든. 되니까요!"

저의 경험이 정답은 아니지만, 휘발되지 않게 기록해서 조그마한 보탬이 되고 새로운 기분이 드셨다면 전 성공입니다. 오늘도 그 어딘가에서 진짜 하루, 진짜 나, 진짜 삶을 찾는 진짜 여러분을 응원하고 미리 축하드립니다. 경험주의자 라니박과 함께 재미있게 살아보아요!

새로운 나를 찾은 따싱집에서
박혜란-라니박